MITGENOMMEN
HEIMAT IN DINGEN

MITGENOMMEN
HEIMAT IN DINGEN

Begleitband zur gleichnamigen Ausstellung des Hauses des Deutschen Ostens anlässlich des Beginns von Flucht, Vertreibung und Deportation der Deutschen aus dem östlichen Europa vor 70 Jahren.

Herausgegeben von Andreas Otto Weber, Brigitte Steinert und Patricia Erkenberg

Fotos: Christian Martin Weiss

Volk Verlag München

INHALT

GRUSSWORT DER SCHIRMHERRIN
STAATSMINISTERIN EMILIA MÜLLER

Vor 70 Jahren, am Ende des Zweiten Weltkriegs begann der Leidensweg von Millionen deutscher Heimatvertriebener, die 1945 und in den Jahren danach Opfer von Flucht, Vertreibung und Deportation wurden. Sie mussten Gewalt und grausame Willkürakte erleiden und haben nicht zuletzt auch ihre Heimat verloren. Viele von ihnen fanden auf der Flucht und bei der Vertreibung den Tod. Diese schrecklichen Geschehnisse sind für uns Auftrag und Mahnung, Vertreibung zu ächten – Vertreibung war, ist und bleibt Unrecht.

Was damals geschah, ist Teil unserer eigenen Geschichte und muss lebendig im Bewusstsein unserer Gesellschaft bleiben. Hierzu leistet das Haus des Deutschen Ostens einen wichtigen Beitrag: Seit über 40 Jahren ist dieses Haus für alle deutschen Heimatvertriebenen, Aussiedler und Spätaussiedler, für ihre Familien und Nachkommen ein zentraler Ort der Kulturpflege, Bildung und Begegnung. Und mehr noch: All denen, die sich mit Geschichte und Kultur der früheren deutschen Staats- und Siedlungsgebiete im Osten und Südosten Europas befassen, öffnet sich das Haus in seiner ganzen Vielfalt. Hier treffen sich interessierte junge Studenten ebenso wie Heimatvertriebene, die Flucht, Vertreibung und Deportation noch selbst erlebt haben. Mit seinen Vorträgen und Ausstellungen zieht das Haus des Deutschen Ostens auch viele andere Bürgerinnen und Bürger an, ist Brückenbauer für die Völkerverständigung und trägt so die Geschichte, das Schicksal sowie die Leistung der Heimatvertriebenen und Spätaussiedler in die breite Gesellschaft.

Die Ausstellung „Mitgenommen: Heimat in Dingen“ wurde durch das Haus des Deutschen Ostens eigens für das Gedenkjahr 2015 konzipiert. Es werden Dinge gezeigt, die die Heimatvertriebenen selbst bei ihrer Flucht, Vertreibung und Deportation gerettet haben. Dinge, die für die Betroffenen einen ganz besonderen ideellen Wert hatten. Dinge, die ihnen so viel bedeuteten, dass sie sie auch in diesen schweren Schicksalsstunden in jedem Fall bei sich haben wollten. Mit jedem Stück ist hohe Emotionalität verbunden – dies verleiht der Ausstellung eine ganz besondere Aura.

Als Schirmherrin dieser Ausstellung danke ich allen, die Gegenstände zur Verfügung gestellt haben, sowie allen, die zum Gelingen beitragen. Sie ermöglichen den Besuchern auf eine ganz besonders ergreifende Art einen Zugang zum Thema „Flucht, Vertreibung und Deportation der Deutschen“.

Emilia Müller
Bayerische Staatsministerin
für Arbeit und Soziales,
Familie und Integration

VORWORT
ANDREAS OTTO WEBER

Das Jahr 2015 ist ein besonderes Gedenkjahr. Weltweit wird dem Ende des Zweiten Weltkriegs gedacht. Der Krieg ging ebenso zu Ende wie das verbrecherische Regime des Nationalsozialismus. Für Europa begann eine neue Zeit. Mit dem Kriegsende gedenken wir aber auch des Beginns von Flucht, Vertreibung und Deportation der Deutschen aus dem östlichen Europa vor 70 Jahren, dem traurigen Höhepunkt der zahlreichen Zwangsmigrationen des 20. Jahrhunderts.

Für viele, die heute an das denken, was sich vor 70 Jahren ereignete, gewinnt das Erlebte angesichts der aktuellen Fluchtwellen erneut an Aktualität. Weltweit sind heute laut UNO-Flüchtlingshilfe rund 51,2 Millionen Menschen auf der Flucht, verlieren Haus und Heimat, erfahren Gewalt, Hunger und Unterdrückung.

Für das Haus des Deutschen Ostens ist es eine wichtige Aufgabe und Verpflichtung, über dieses geschichtliche Ereignis auf dem aktuellen Stand der Geschichtswissenschaft und der gesellschaftlichen Diskussion zu informieren. Daher ist dieses Thema der Hauptschwerpunkt unserer Kultur- und Bildungsarbeit des Jahres 2015. Die wichtigste Veranstaltung ist hierbei unsere Ausstellung „Mitgenommen – Heimat in Dingen".

Bei der Entwicklung des Ausstellungsprojekts war uns von Anfang an wichtig, die damals betroffene deutsche Erlebnisgeneration und ihre Nachkommen eng miteinzubeziehen. In vielen Familien ist das Schicksal des Heimatverlustes bis heute bekannt und Teil der Identität. An zahlreichen Dingen des alltäglichen Lebens, die vor 70 Jahren bei Flucht und Vertreibung mitgenommen werden konnten, hängt die individuelle Erinnerung an das erlittene Unheil und die verlorene Heimat. Daher haben wir uns entschlossen, diese Erinnerungsstücke zum Kern unserer Ausstellung werden zu lassen und die mit ihnen verbundenen persönlichen Schicksale zu erzählen. Außerdem wollen wir Flucht, Vertreibung und Deportation der Deutschen des östlichen Europa im Kontext der Zwangsmigrationen, die Menschen anderer Nationalitäten zur selben Zeit und im selben Zusammenhang erleben mussten, darstellen.

Unser Aufruf, uns „Dinge" zu überlassen, die im Flucht- und Vertreibungsgepäck mitgenommen wurden und für ihre Besitzerinnen und Besitzer heute noch einen hohen ideellen Wert haben, hat uns eine wunderbare Menge unterschiedlichster Gegenstände und berührender Geschichten gebracht. Der Ausstellungstitel „Mitgenommen – Heimat in Dingen" mit seiner eindringlichen Mehrfachbedeutung ist so entstanden.

Die Herkunftsgebiete der Leihgeberinnen und Leihgeber bestimmten auch die in der Ausstellung und im Buch behandelten Orte. Diese willkürlich erscheinende Auswahl haben wir zugunsten der Authentizität der Dinge und Geschichten in Kauf genommen und bitten um Verständnis, dass deshalb nicht jeder deutsche Ort, nicht jede Region im östlichen Europa genannt werden konnte.

Eines unserer Anliegen bei diesem Projekt ist es auch, jüngere und junge Menschen, die sich bislang kaum mit der Geschichte der Deutschen aus dem östlichen Europa beschäftigt haben, an das Thema heranzuführen. Vor allem für diese Interessentengruppe ist der Grundsatzbeitrag Flucht und Vertreibung der Deutschen im Kontext des Zweiten Weltkriegs und der europäischen Zwangsmigrationen vor und nach 1945 in diesem Begleitband gedacht, der ihnen unter Einbeziehung der jüngsten Forschung einen Überblick über das Geschehen vor 70 Jahren an die Hand geben soll.

In der Auswahlbibliografie am Ende des Buches finden sich zahlreiche Hinweise auf weiterführende und das Thema vertiefende Literatur. Die Ortsnamenstabelle verknüpft historische Ortsnamen und Regionen mit heutiger Benennung und Staatenzugehörigkeit.

Einen wesentlichen Teil des Bandes bilden natürlich die „mitgenommenen" Dinge und die durchwegs berührenden und staunend machenden Geschichten „dahinter". Durch den Abdruck der Erzählungen und Fotos nach dem Alphabet der Leihgeber wollten wir bewusst jede Art von Wertung vermeiden, die ohnehin aufgrund der Individualität der Schicksale unmöglich gewesen wäre.

Die Ausstellung und das Begleitbuch wären nicht möglich ohne die Unterstützung unserer Leihgeberinnen und Leihgeber. Wir danken allen, die uns ihre Erinnerungsstücke und ihre Erinnerungen anvertraut haben. Weiter gilt unser Dank Frau Staatsministerin Emilia Müller vom Bayerischen Staatsministerium für Arbeit und Soziales, Familie und Integration für das Grußwort und die Übernahme der Schirmherrschaft über die Ausstellung. Für fachlichen Rat danken wir unseren Beiratsmitgliedern, besonders der stellvertretenden Direktorin des Jüdischen Museums München, Frau Jutta Fleckenstein M.A., und Prof. Dr. Matthias Stickler, Würzburg. Für die finanzielle Unterstützung sind wir dem Verein der Förderer des Hauses des Deutschen Ostens e.V. dankbar.

Motor der Entstehung sowohl der Ausstellung, wie des Begleitbuches war im HDO vor allem die stellvertretende Direktorin Brigitte Steinert, die zusammen mit Patricia Erkenberg M.A. die einzelnen Geschichten und die Tafeltexte vorbereitet und redigiert, mit unseren Leihgebern kommuniziert und den Entstehungsprozess organisiert hat. Dafür sei beiden herzlich gedankt. Dem Verleger Michael Volk und seinem kreativen Team danken wir für die graphische und textliche Betreuung des Projektes und für die Realisierung von Begleitbuch und Ausstellungstafeln.

Prof. Dr. Andreas Otto Weber
Direktor des Hauses des Deutschen Ostens

FLUCHT UND VERTREIBUNG DER DEUTSCHEN IM KONTEXT DES ZWEITEN WELTKRIEGS UND DER EUROPÄISCHEN ZWANGSMIGRATIONEN VOR UND NACH 1945

ANDREAS OTTO WEBER

Am 8. Mai 1945 endete mit der bedingungslosen Kapitulation des Deutschen Reichs der Zweite Weltkrieg in Europa. Der von Hitler ausgelöste Krieg hat über 65 Millionen Menschen das Leben gekostet und das Antlitz Europas gravierend verändert. Außerdem hat der Völkermord an den Juden Europas der Deutschen Geschichte eine unfassbare Dimension der Unmenschlichkeit hinzugefügt. Auch wenn in Europa der Krieg, der systematisch betriebene Holocaust und das kriegsbedingte Sterben von zivilen Opfern zu Ende waren, so kann das Jahr 1945 aber heute nicht mehr als „Stunde Null" betrachtet werden, vielmehr muss man die Jahre davor und danach mit in den Blick nehmen, wenn man die großen Umwälzungen, die in den Folgejahren noch stattfanden, beschreiben und verstehen will.[1] Dies betrifft vor allem die großen Bevölkerungsverschiebungen infolge des Krieges, die nicht ohne Berücksichtigung der bereits vor 1945 geschehenen Zwangsmigrationen[2] und der Verbrechen durch den Nationalsozialismus gesehen werden können. Die moderne Geschichte Europas war „zu wesentlichen Teilen eine Geschichte ethnopolitisch motivierter und zumeist staatlich induzierter Zwangsmigration",[3] und das 20. Jahrhundert wird auch als Jahrhundert der Vertreibungen und Zwangsmigrationen bezeichnet.[4] In Anlehnung an Karl Schlögel hat Mathias Beer für die Bevölkerungsbewegungen nach dem Krieg folgendes sehr treffendes Bild gezeichnet: „Aus einem Verschiebebahnhof unter Kriegsbedingungen wurde Europa 1945 zu einem Verschiebebahnhof in Abwesenheit des Krieges, aber unter den Voraussetzungen seiner Hinterlassenschaften – neue Grenzziehungen, Zerstörung, Entwurzelung, Tod".[5] In den Regionen Europas, die vom Zweiten Weltkrieg und den Verbrechen des NS-Staates unmittelbar betroffen waren, brachte das Kriegsende 1945 keine Beruhigung. Im Gegenteil: Racheaktionen und Gewalt wandten sich nun gegen die Deutschen und gegen die, die mit ihnen kollaboriert hatten. Auch die

Spannungen zwischen den Volksgruppen verschärften sich, Minderheiten kamen weiterhin in Bedrängnis. Der englische Historiker Keith Lowe hat die Situation im Titel seines jüngst in deutscher Sprache erschienenen Buches ausgedrückt: „Der wilde Kontinent".[6] Das von Krieg und Gewalt gezeichnete Europa blieb auch nach 1945 vielerorts von Anarchie und gewaltsamen Bevölkerungsverschiebungen nicht verschont. Dies betraf als größte Gruppe die Deutschen aus dem östlichen Europa, welche die „größte Zwangsumsiedlung in der Menschheitsgeschichte" erleben mussten.[7] Die Flucht der deutschen Bevölkerung vor der Roten Armee aus den seit 1939 von der deutschen Wehrmacht eroberten Gebieten Ostmitteleuropas sowie aus den östlichsten Provinzen des Deutschen Reichs (z. B. Ostpreußen, Schlesien) in den Jahren von 1943 bis 1945 und die darauf folgende Vertreibung des größten Teils der dort verbliebenen Deutschen waren der traurige Höhepunkt des im

Grunde bis heute anhaltenden Exodus von Menschen deutscher Sprache aus dem östlichen Europa.

Dieser Exodus der Deutschen aus dem Osten ist eine Folge des Nationalsozialismus und seiner Verbrechen gegen die Menschlichkeit. Die Methode der Zwangsmigration in den Jahren von 1945 bis 1950 hat jedoch auch längerfristige Vorbilder und die Ursachen liegen auch in älteren Problemen des multiethnischen Zusammenlebens.

Vom multiethnischen zum homogenen Staat: die Folgen des Ersten Weltkriegs

Der östliche Teil Europas war vor den zwei Weltkriegen in zahlreichen Regionen vom Zusammenleben von Menschen unterschiedlicher Sprache und Konfession geprägt. Die Klammer der Vielvölkerstaaten und der Nationalstaaten mit ethnischen Minderheiten bildete die monarchische Herrschaft, die Dynastie und die mit ihr verknüpfte Reichsidee. Der Erste Weltkrieg und die Revolutionen gegen die Dynastien Russlands, des Deutschen Reichs und der Österreichisch-Ungarischen Monarchie beendeten diesen Zustand. Die schon im Lauf des 19. Jahrhunderts entstandenen Nationalbewegungen konnten gerade im östlichen Europa die Neugründung von Nationalstaaten erreichen: Die baltischen Staaten, die Zweite Polnische Republik, die Tschechoslowakische Republik, die Demokratische Republik Ungarn, das Königreich Jugoslawien und die Sowjetunion entstanden. Nationale Minderheiten existierten in all diesen Staaten in unterschiedlichen Anteilen und Ethnien. Die Grenzen der bestehenden Staaten wurden stark verändert: Besonders Ungarn, bis dahin Teil der habsburgischen Doppelmonarchie Österreich-Ungarn, verlor im Norden Gebiete an die Tschechoslowakei, im Osten an Rumänien, im Süden an Jugoslawien und im Westen an Österreich. Das Deutsche Reich verlor vor allem Gebiete an Polen (Memelland, Danzig, große Teile Westpreußens, Provinz Posen).

In der Zeit der staatlichen Ausgestaltung dieser veränderten Landkarte spielten zunehmend nationale Homogenisierungsversuche eine zentrale Rolle. Die Nation wurde dabei als eine Sozialformation betrachtet, die gemeinsame objektive Kriterien erfüllt, wie zum Beispiel Sprache, Religion, Geschichte, Territorium.[8] Das Zusammenleben von Menschen unterschiedlicher Sprache und Konfession war mit diesem Konzept, das im 19. Jahrhundert bereits die Leitschnur der deutschen „Kulturnation“ (Johann Gottlieb Fichte, Gerhard Ritter) gewesen war, nur schwer

Deutsche Gebietsverluste durch den Versailler Vertrag in Europa
(Matthias Küch)
Wikimedia Commons

vereinbar, da sich multiethnische Staaten nun selbst als Nationalstaaten ansahen. In dieser Hinsicht sind Zwangsmigration und Vertreibungen eine Folge des Unvermögens oder des Unwillens, multiethnisches Zusammenleben zu organisieren.[9]

Der Vertrag von Lausanne als Vorbild

In der historischen Forschung wird immer wieder der „Bevölkerungsaustausch“ zwischen der Türkei und Griechenland infolge des griechisch-türkischen Friedensvertrages von Lausanne im Jahr 1923 als Vorbild für die Zwangsmigrationen nach dem Zweiten Weltkrieg genannt.[10] Der Vertrag hatte zur Folge, dass etwa 1,25 Millionen Griechen aus der Türkei nach Griechenland und etwa 500.000 Türken aus Griechenland in die Türkei zwangsweise umgesiedelt wurden.[11] Als Unterscheidungsmerkmal, wer Grieche und wer Türke sei, wurde die religiöse Zugehörigkeit zum griechisch-orthodoxen Christentum oder zum Islam herangezogen.[12] Später wurde dieser „Bevölkerungsaustausch“ von den Westalliierten und von tschechischer Seite immer wieder als positives Beispiel für eine gelungene Zwangsumsiedlung angeführt, wobei außer Acht gelassen wurde, dass der Vertrag auch die Bevölkerungsverschiebungen nachträglich ratifizierte, die schon vor 1923 in den Balkankriegen aufgrund von Flucht und gewaltsamer Deportation stattgefunden hatten. Auch die negativen Folgen der Zwangsmigration wurden nicht gesehen: Es kam zur Radikalisierung der Politik, zum Verlust der Heimat und des nicht beweglichen Eigentums von Millionen von Menschen. Auch die schlechten Bedingungen beim Transport und daraus resultierende Todesfälle fanden keine Berücksichtigung in der späteren Bewertung.[13]

Zwangsmigration im Rahmen der nationalsozialistischen Eroberungs-, Besatzungs- und Vernichtungspolitik im Osten Europas

Die nationalsozialistische Rassenideologie und Hitlers Idee vom „Lebensraum im Osten“ zielten darauf ab, Osteuropa durch eine Germanisierung und eine Verdrängung des Slawentums umzugestalten. Den Beginn der dafür erforderlichen Bevölkerungsverschiebungen kann man im Münchner Abkommen vom 29. September 1938 sehen. Darin gaben der britische Premierminister Neville Chamberlain und der französische Ministerpräsident Édouard Daladier Adolf Hitler ihre Zustimmung zur Eingliederung des Sudetenlandes. Chamberlain hatte mit Blick auf den Vertrag von Lausanne das „Prinzip des Bevölkerungsaustauschs“ vorgeschlagen.[14]

In der Folge hatten tschechische und slowakische Bewohner der Sudetengebiete sechs Monate Zeit, ihre Heimat zu verlassen und in die verbliebenen Gebiete der Tschechoslowakei umzusiedeln.[15] Etwa 200.000 Tschechen flohen aus den Sudetengebieten, aber auch deutsche Sozialdemokraten und andere Gegner des NS-Regimes verließen ihre Heimat und gingen in die Emigration. Der im Münchner Abkommen eigentlich vorgesehene „Bevölkerungsaustausch“ wurde aber wegen der Errichtung des Reichsprotektorats Böhmen und Mähren im März 1939 nie umgesetzt. „München“ wurde zu einem tschechischen Trauma.

Nach dem Angriff auf Polen 1939 und der Errichtung des „Generalgouvernements Polen“ kam es hier zu Massenvertreibungen von Polen und Juden, die den

„Volksdeutschen" weichen mussten: „Polen wurde zum Laboratorium der nationalsozialistischen Rassenpolitik".[16]

Blickt man auf eine Karte der Bevölkerungsbewegungen Europas in der Zeit von 1939 bis 1945, so werden die über den polnischen Raum weit hinausgehenden europäischen Dimensionen dieser Entwicklung deutlich, die durch den von Deutschland verursachten Zweiten Weltkrieg ausgelöst wurde.

Besonders die Juden Europas waren davon betroffen. Sie mussten nicht nur ihre Heimat verlassen und die Deportationen in Konzentrationslager und Ghettos erdulden. In den Konzentrationslagern, die sich hauptsächlich in Osteuropa befanden, wurden sie vorsätzlich und planmäßig ermordet. Ihre Arbeitskraft wurde für unmenschliche Arbeit ausgebeutet. Sie wurden für medizinische Versuche missbraucht, bei denen ihr Tod in Kauf genommen wurde. Der Völkermord an den europäischen Juden mit etwa sechs Millionen Opfern war eines der größten Verbrechen der Menschheitsgeschichte.

Der Vernichtungskrieg des „Dritten Reiches" im Osten forderte Millionen Todesopfer vor allem bei der Roten Armee. Zusätzlich verloren Millionen Menschen bereits vor 1945 ihr Leben oder ihre Heimat durch Zwangsmigration und Flucht.

Als Folge des Hitler-Stalin-Paktes wurden von 1939 bis 1940 zwischen 900.000 und 1,3 Millionen Polen aus Ostpolen in die Sowjetunion deportiert. Innerhalb der Sowjetunion kam es vermehrt zur Deportation ganzer Volksgruppen: So wurden 1940/41 etwa 500.000 Wolgadeutsche und Schwarzmeerdeutsche in sowjetische Arbeitslager und in verschiedene Gebiete in Kasachstan und Sibirien deportiert. Ebenfalls vor dem Hintergrund des Hitler-Stalin-Pakts verlor Rumänien 1940 Bessarabien und die Nord-Bukowina an die Sowjetunion und die Süd-Dobrudscha an Bulgarien. Etwa 180.000 deutschsprachige Bewohner dieser Gebiete wurden nach zum Teil längerem Aufenthalt in eigens eingerichteten Lagern ins Deutsche Reich und in bereits von der Wehrmacht eroberte Gebiete, vor allem in den nordöstlich an Schlesien angrenzenden „Reichsgau Wartheland" umgesiedelt. Auch die Deutschbalten wurden aus dem Machtbereich der Sowjetunion dorthin und nach Westpreußen umgesiedelt. Diese Aktionen waren die verwirklichten Teile des nationalsozialistischen „Generalplans Ost", der darauf abzielte, Teile Ostmittel- und Osteuropas zu germanisieren. Die Deutschen im Osten Europas wurden dabei „deutsch-nationalisiert" und aus dem Zusammenhang ihrer bisherigen Identität als deutschsprachige Minderheit in multiethnischen Staaten gelöst.

Sowjetische Zwangsumsiedlung von Polen aus Ostpolen nach der UdSSR (1939/41)

Umsiedlung von Rumänen nach der Abtretung der Süddobrudscha an Bulgarien (1940)

Umsiedlung von Bulgaren nach der Einverleibung der Süddobrudscha durch Bulgarien (1940/41)

Aussiedlung deutscher Volksgruppen aus Ost- und Südost-Europa (1940/41); Deportation von Schwarzmeer- und Wolgadeutschen 1941

Deportation von Balten nach der UdSSR bei der Annexion der baltischen Staaten durch die UdSSR (1940)

Judendeportation und -vernichtung 1941 – 1944

176 Mindestzahlen der nach Deportation in Vernichtungslager, Ghettos und Zwangsarbeitslager getöteten oder umgekommenen Juden (in Tausend)

110 Anzahl der Deportierten, Umgesiedelten und Flüchtlinge (in Tausend)

Grenzen: Stand Herbst 1942

Judenvernichtungslager in Polen (Jahr der Einrichtung)

Massentötung (Erschießung) von Juden in Rußland

Hauptjudenlager und -ghettos einschließlich der großen Konzentrationslager mit hoher Sterblichkeit der Juden

Europäische Bevölkerungsbewegungen sowie Deportation und Vernichtung der Juden 1939 – 1945

Die Zwangsmigrationen nach dem Ende des Zweiten Weltkriegs

Der „Verschiebebahnhof Europa" war auch nach dem Ende der Kriegshandlungen in Europa noch aktiv. Verbunden mit den neuen Grenzziehungen, die vom 17. Juli bis zum 2. August 1945 auf der Potsdamer Konferenz beschlossen wurden, waren auch Planungen für großräumige Bevölkerungsverschiebungen. Als größte Gruppe waren von den folgenden Zwangsmigrationen etwa zwölf Millionen Deutsche betroffen. Aber auch etwa fünf Millionen Polen, 2,5 Millionen Bürger der Sowjetunion, Ungarn aus der Tschechoslowakei, Slowaken und Tschechen aus Ungarn, Esten, Letten und Litauer und andere Volksgruppen mussten ihre jeweilige Heimat verlassen. Der Gedanke vom großen „Aufräumen" und des „ethnisch entmischten, von Minderheiten befreiten Nationalstaates" bestimmte die Politik der folgenden Jahre.[17] Einer durch Flucht vor dem unmittelbaren Kriegsgeschehen bestimmten Situation folgte eine massenhafte Zwangsmigration von bisher nicht gekannten Dimensionen.

Die Flucht vor der Roten Armee

Die Flucht der Deutschen aus den östlichen Regionen des Deutschen Reichs und aus den im Zweiten Weltkrieg eroberten Gebieten setzte 1943 mit dem Rückzug der Wehrmacht von der Ostfront und dem Vorrücken der Roten Armee ein. Sie unterscheidet sich von anderen Fluchtbewegungen durch ihre Endgültigkeit. Es gab für die Flüchtenden keine Möglichkeit der Rückkehr, auch wenn dies von vielen immer wieder versucht wurde.[18] Betroffen waren zunächst Russlanddeutsche, dann „Volksdeutsche" aus Polen und die dort angesiedelten deutschen Umsiedler aus Südosteuropa sowie die autochthonen deutschen Bewohner Westpreußens und des Warthegaus; auch viele Rumäniendeutsche flohen mit der zurückweichenden Wehrmacht. Die Behörden des NS-Staates versagten und verhinderten zum Teil rechtzeitige Evakuierungen, was besonders an der Weigerung des NS-Gauleiters von Ostpreußen, Erich Koch, ersichtlich wird, solche Maßnahmen anzuordnen. Angesichts des großen Leids, welches insbesondere die Übergriffe von Soldaten der Roten Armee auf Zivilisten hervorriefen, kam es dann zwischen Januar und Mai 1945 zu einer Massenflucht. Alleine am 31. Januar 1945 befanden sich über drei Millionen Menschen auf der Flucht von Ost nach West. Man versuchte dazu alle Möglichkeiten zu nutzen, man flüchtete zu Fuß, zu Pferd und im Fuhrwerk, lange Flüchtlingstrecks bildeten sich, die oft auch Ziel von gezielten Fliegerangriffen waren. Man flüchtete mit den letzten fahrenden Zügen oder mit dem Schiff. Die deutsche Kriegsmarine transportierte in diesen Monaten etwa 1,2 Millionen Menschen aus den ostpreußischen Häfen ins besetzte Dänemark und nach Norddeutschland.[19] Der Krieg zur See machte auch vor den Flüchtlingsschiffen nicht halt, wie etwa der Untergang des ehemaligen Kraft-durch-Freude-Schiffes Wilhelm Gustloff zeigt, die am 30. Januar 1945 von einem sowjetischen U-Boot torpediert wurde und etwa 9.000 Menschen in den Tod riss.

Mitte März 1945 rollte dann die zweite große Flüchtlingswelle aus Schlesien in Richtung Sudetenland. Trotzdem blieben noch mehrere Millionen Deutsche in Polen und in den deutschen Ostgebieten zurück, auch wenn diese größtenteils bereits von der Roten Armee kontrolliert wurden.

Die sogenannten „wilden Vertreibungen"

Mit dem Kriegsende im Mai 1945 ereigneten sich in Polen und in der Tschechoslowakei die ersten konkreten zwangsweisen Vertreibungen von Angehörigen der deutschen Volksgruppe, die sogenannten „wilden Vertreibungen". Diese wurden oft als spontane Volksaufstände dargestellt, neueste Forschungen besonders von Ray M. Douglas zeigen aber, dass dies größtenteils weder spontan noch zufällig geschah, sondern in den meisten Fällen von Soldaten, Polizei und lokalen Milizen durchgeführt wurde. Diese führten dabei Befehle aus, die auf Beschlüsse der höchsten politischen Ebene zurückgingen.[20] Die Akteure beschwerten sich zum Teil darüber, dass die lokale Bevölkerung sich gegenüber den Deutschen passiv verhielt.

Die faktische Westverschiebung Polens noch vor dem Beschluss der Potsdamer Konferenz hatte als wichtigste Folge die Zwangsmigration der im Raum östlich von Oder und Lausitzer Neiße ansässigen deutschen Bevölkerung und der östlich der neuen polnischen Ostgrenze wohnenden Polen. Der Raum östlich der Oder-Neiße-Linie wurde in Potsdam vom polnischen Außenminister Wincenty Rzymowski als „Wiege Polens" bezeichnet,[21] womit an die Entstehung der slawischen Herzogtümer der Piasten im hohen Mittelalter angeknüpft wurde. Schon im Juli 1944 hatte das „Polnische Komitee der Nationalen Befreiung" in einem Geheimvertrag mit Stalin diese Ausdehnung Polens nach Westen und die Überlassung des nördlichen Teils Ostpreußens einschließlich Königsbergs an die UdSSR vereinbart.[22]

Hauptmotive für die Vertreibung der Deutschen aus dem Raum östlich von Oder und Neiße waren der Wunsch nach Vergeltung für die Verbrechen der Nationalsozialisten und die Idee der Schaffung eines ethnisch homogenen Staates. Als

Rechtfertigung wurden auch die von Deutschen durchgeführten Zwangsaussiedlungen angeführt.

Die von der UdSSR gestützte neue polnische Staatsmacht etablierte sich seit dem Februar 1945 in den von der Roten Armee eroberten Bereichen und übernahm Schritt für Schritt von den sowjetischen Militärbehörden die Verwaltung der deutschen Ostgebiete. Am 24. Mai 1945 wurde das Dekret über die Verwaltung der „wiedergewonnenen Gebiete" erlassen und damit begonnen, die deutsche Bevölkerung auszuweisen.[23] Viele Deutsche wurden zu Arbeitsdiensten in Internierungslager, wie dem Lager Lamsdorf in Schlesien, eingewiesen, die zum Teil in den befreiten Konzentrationslagern eingerichtet wurden. Teilweise gab es in diesen Lagern hohe Todesraten, die jedoch bei Weitem nicht mit jenen in den deutschen Konzentrationslagern zu vergleichen sind.[24] Manche Inhaftierte blieben jahrelang interniert, auch ehemalige Häftlinge der deutschen Konzentrationslager, wenn man sie als Feinde des sich etablierenden kommunistischen Systems ansah.

Bei der Identifizierung der Deutschen kam es zu einer Umkehrung der von den Nationalsozialisten 1939 aufgestellten „Deutschen Volksliste", die dazu gedient hatte im annektierten Polen die ansässige deutsche Bevölkerung zu ermitteln und ihr Vorrechte einzuräumen. Die darin genannten Volksdeutschen der Gruppen III und IV konnten in der Region bleiben, mit dem Ziel sie zu assimilieren.

Vor allem im Juni und Juli 1945 kam es zu „wilden Vertreibungen" von etwa einer halben Million Deutscher mit vielen Todesopfern durch polnische Truppen und Milizen.[25] Sie dienten dem Zweck, vor der Konferenz von Potsdam möglichst vollendete Tatsachen zu schaffen, parallel wurden Polen angesiedelt, um die Notwendigkeit einer neuen westwärts verschobenen Grenzziehung Polens zu rechtfertigen.[26] Auch nach dem Potsdamer Abkommen kam es entgegen den Beschlüssen zu weiteren „wilden Vertreibungen".

In der Tschechoslowakei begannen die „wilden Vertreibungen" mit den heftigen Racheaktionen im Mai 1945 im Rahmen des „Prager Aufstandes" des tschechischen Widerstands gegen die deutschen Besatzungstruppen vom 5. bis zum 8. Mai 1945. Der Aufstand, der am 8. Mai mit einem Waffenstillstand und dem Abzug der deutschen Truppen aus Prag endete, mündete in gezielten und äußerst gewaltsamen Racheaktionen an Prager Deutschen. Die tschechische Bevölkerung rächte sich nun für das Münchner Abkommen und für das Besatzungsregime. Nach dem Einmarsch der Roten Armee in Prag am 9. Mai 1945 kehrte Präsident Edvard Beneš aus dem Exil zurück und verkündete: „Das deutsche Volk hat in diesem Krieg aufgehört, menschlich zu sein, menschlich erträglich zu sein, und erscheint uns nur noch als einziges großes menschliches Ungeheuer [...]. Wir haben uns gesagt, dass wir das deutsche Problem in der Republik liquidieren müssen".[27] Diese Sichtweise blendete den Widerstand von Sudetendeutschen gegen den Nationalsozialismus, insbesondere der sudetendeutschen Sozialdemokraten unter Wenzel Jaksch im Londoner Exil, vollständig aus, um die Vertreibung aller Sudetendeutschen rechtfertigen zu können.

In den Sudetengebieten wollte die sich neu formierende tschechische Staatsmacht bei Kriegsende schnell Fakten schaffen und die deutsche Bevölkerung möglichst rasch aus dem Land schaffen. Dies begann mit einer großangelegten Internierungswelle in Lagern, wobei man auch hier auf befreite Konzentrationslager wie Theresienstadt zurückgriff.[28] Kennzeichnung der Deutschen mit weißen Armbinden mit einem „N" (Němci = Deutsche), Zwangsarbeit, Enteignung, Plünderung und Gewaltverbrechen der Milizen folgten.[29] Die anschließend begonnenen „wilden Vertreibungen" waren nicht spontan und ungeplant, sondern folgten dem Willen der Zentralregierung und waren von massiven Gewaltübergriffen begleitet, wie dem „Brünner Todesmarsch" oder dem Pogrom an den Deutschen in Aussig.[30] Bis zur Potsdamer Konferenz waren von den Vertreibungen etwa 600.000 Deutsche betroffen, von denen 50 Prozent in die sowjetische Besatzungszone kamen.[31]

Organisierte Vertreibungen nach dem Potsdamer Abkommen

Die Konferenz von Potsdam beschloss am 2. August 1945 neue, zunächst als vorläufig bezeichnete Grenzen im östlichen Europa. Die britische und die amerikanische Regierung stimmten der von Stalin geforderten Westverschiebung Polens an die Oder-Neiße-Linie im Prinzip zu.[32] Für die noch dort lebende deutsche Bevölkerung in den bisherigen deutschen Ostprovinzen östlich dieser Linie und in anderen Siedlungsgebieten, wie dem Sudetenland und Ungarn, wurde eine kollektive Umsiedlung in den Westen beschlossen: „Die drei Regierungen haben die Frage unter allen Gesichtspunkten beraten und erkennen an, daß die Überführung der deutschen Bevölkerung oder Bestandteile derselben, die in Polen, der Tschechoslowakei und Ungarn zurückgeblieben sind, nach Deutschland durchgeführt werden muß. Sie stimmen darin überein, daß jede derartige Überführung, die stattfinden wird, in ordnungsgemäßer und humaner Weise erfolgen soll".[33]

Der Bevölkerungstransfer war zwar auch unter den Alliierten umstritten, galt aber dennoch als durchaus legitimes Mittel, als „kleineres Übel", mit dem Ziel, Europa „ein für allemal von den durch ethnische Minderheiten erzeugten Konflikten und Krisen zu befreien".[34] Winston Churchill sah darin nicht nur eine Vergeltung gegen die Deutschen, sondern auch die Chance für eine Friedenslösung im Osten Europas, wobei der Vertrag von Lausanne ihm als Vorbild galt. Diese Position war unter den Siegermächten angesichts der Millionen von Weltkriegsopfern dominant.[35]

Der amerikanische Historiker Norman Naimark analysierte die Situation in den Ländern Ostmitteleuropas wie folgt: „Tschechen und Polen benutzen den Deckmantel des Krieges und den Übergang vom Krieg zum Frieden, um die Deutschen aus ihren Ländern zu vertreiben und alte Rechnungen zu begleichen. Das Verhältnis zur deutschen Minderheit war in beiden Ländern zwischen den Kriegen problematisch gewesen. Nationalistische Gefühle und der verständliche Wunsch nach Rache durchdrangen die polnische und tschechische Bevölkerung, als sie es ihren deutschen Unterdrückern gewaltsam heimzahlen konnten. Nationalistische Gefühle waren durch Krieg und Besatzung verstärkt worden. Den Anstoß zur Eskalation des Nationalismus hatten die Nationalsozialisten gegeben, daher könnte man in gewisser Hinsicht sagen, die Deutschen hätten geerntet, was sie gesät hatten".[36]

Pläne für die Vertreibung existierten 1945 bereits. Die tschechoslowakische Exilregierung unter Edvard Beneš, die sich nach der Besetzung des Landes 1939 gebildet hatte, hatte unter den Alliierten schon lange für ihre Pläne zur Vertreibung der Deutschen geworben und erhielt dafür bereits 1943 die Zustimmung von Roosevelt und Churchill und auch Molotov und Stalin standen hinter den Plänen.[37]

Die Forderung des Abkommens, dass der Transfer in „ordnungsgemäßer und humaner Weise" durchgeführt werden soll, stieß aber auf ein Problem, das Ray M. Douglas treffend beschrieben hat: Wenn Vertreibungen „nicht schnell durchgeführt werden, sind sie nicht praktikabel, und wenn sie schnell durchgeführt werden, sind sie nicht human".[38]

Außerdem enthält das Potsdamer Abkommen eine Aufforderung an die Tschechoslowakei, an Polen und Ungarn, „weitere Ausweisungen der deutschen Bevölkerung einzustellen".[39] Dies verschlimmerte die Situation der Betroffenen aber teilweise noch. Bereits in Gang befindliche Transporte wurden zum Beispiel einfach an Grenzen stehen gelassen. Es entstanden zahlreiche improvisierte Internierungslager für Deutsche, zum Teil wurden dafür auch die ehemaligen Konzentrationslager genutzt, so zum Beispiel Auschwitz und das bereits erwähnte Theresienstadt. Um den Vertreibungsbeschluss des Alliierten Kontrollrats vom 20. November 1945 umzusetzen, wurde als Behörde das Combined Repatriation Executive (CRX) gegründet.[40] Dieses war zuständig für die Organisation der Transporte und bestand aus einem kleinen Stab, zu dem Vertreter der Vertreibungsländer kamen. Eine große Schwierigkeit stellte in Teilen der Vertreibungsgebiete die Identifikation der Deutschen dar, da in multiethnischen Regionen wie Oberschlesien und dem südlichen Ostpreußen die Zuordnung bei verschiedensprachigen Eltern nicht klar war. So wurden oft auch Juden, Gegner des NS-Regimes und deutschsprachige Menschen, die aber keine deutschen Staatsangehörigen waren (z. B. Schweizer) interniert und vertrieben. Die Transporte betrafen alle Generationen und Geschlechter, auch alte und kranke Menschen, Frauen und Kinder. Da viele jüngere Männer noch in Kriegsgefangenschaft waren oder im Krieg gefallen waren und arbeitsfähige Männer oft von ihren Betrieben zurückgehalten wurden, betrafen die Abtransporte im Rahmen der Vertreibung in erster Linie die Familienmütter.[41] Christian Graf von Krockow hat dies im Titel seines Buches „Die Stunde der Frauen“ deutlich gemacht.[42]

Die von der Vertreibung betroffenen Deutschen leisteten dagegen insgesamt kaum Widerstand, sie nahmen diese im Gegenteil mit „völliger Passivität“ hin und fügten sich in ihr Schicksal.[43] Parallel zu den organisierten Vertreibungen gab es zusätzlich auch eine mehr oder weniger „freiwillige“ Abwanderung mit dem Ziel, den veränderten Lebensumständen zu entfliehen.

In Polen begann die systematische Vertreibung, nachdem der Alliierte Kontrollrat am 20. November 1945 Zahlen und Zielgebiete der planmäßigen Umsiedlung der Deutschen aus dem Osten bestimmt hatte. Sie fand für die Betroffenen unter großem Zeitdruck statt. In Güterzügen und zum kleineren Teil auf dem Seeweg wurden die vorher in Internierungslagern gesammelten Deutschen in die britische und sowjetische Besatzungszone gebracht[44]. Insgesamt waren aus dem Raum des heutigen Polen etwa 3,5 Millionen Deutsche geflohen oder vertrieben worden. Die Zahl der in Polen verbliebenen Deutschen lag zwischen 400.000 und einer Million Menschen.[45] Unter ihnen waren viele als „Autochthone“ geltende, die zum Beispiel einen polnisch klingenden Namen trugen.

In die von den Deutschen nun zum großen Teil verlassenen Gebiete wurden bereits während des Vertreibungsgeschehens Polen durch Anwerbung angesiedelt. Die neue Besiedlung und Aneignung der „wiedergewonnenen Gebiete“ gestaltete sich aber sehr schwierig, sodass im November 1945 ein „Ministerium für die Wiedergewonnenen Gebiete" gegründet wurde. Vor allem etwa 1,4 Millionen Polen aus den an die Sowjetunion gefallenen Regionen zwischen dem Baltikum und Galizien wurden in den Oderraum umgesiedelt, der als „Polens Wilder Westen" galt.[46] Die Identifikation mit dem neuen Lebensraum war für viele Neusiedler schwierig. Aus Angst vor Rückforderungen der deutschen Vorbesitzer hielten viele die neuen Gebiete für unsicher. In der Folge kam es zu einer forcierten Polonisierung der Region, sichtbare Zeugnisse der deutschen Vergangenheit wurden getilgt, Ortsnamen verändert, Ladenschilder, Aufschriften, Statuen, Denkmäler und anderes vielfach entfernt. Bis Ende 1948 konnten nur wenig mehr als 62 Prozent des Bevölkerungsstandes von 1939 erreicht werden.[47]

In der Tschechoslowakei ist die Vertreibung mit acht Dekreten der tschechoslowakischen Exilregierung unter Edvard Beneš verbunden, die sich auf die deutsche und ungarische Bevölkerung des Landes beziehen. Diese als Beneš-Dekrete bekannten und am Tag nach dem Ende der Potsdamer Konferenz erlassenen Verfassungsdekrete entzogen den Deutschen, darunter auch den Juden, die sich als Deutsche deklariert hatten, und den Ungarn die tschechoslowakische Staatsbürgerschaft. Dies war die rechtliche Grundlage für den organisierten Transport dieser Gruppen außer Landes.[48] Ausgenommen davon waren nur anerkannte „Antifaschisten" wie Kommunisten, die jedoch zumeist bald in die sowjetische Besatzungszone gingen. Die zwangsweise Umsiedlung erfolgte in den Jahren 1946 und 1947 in Eisenbahntransporten, die unter Aufsicht der Besatzungsmächte standen. Dabei wurden ca. 2,2 Millionen Menschen außer Landes gebracht. Das Gepäck wurde auf meist 50 Kilogramm pro Person beschränkt. Ende 1946 wurden anlässlich der letzten Vertreibungen Feierlichkeiten organisiert, bei denen Personen ausgezeichnet wurden, die sich um die „ethnische Säuberung" besonders verdient gemacht hatten.[49] Für die Sudetengebiete hatte die Vertreibung der Deutschen langfristig ähnliche Auswirkungen wie in Polen. Die demografische und wirtschaftliche Struktur wurde radikal verändert, die erneute Besiedlung der Gebiete mit tschechischen Kolonisten erwies sich als schwierig. Besonders im ländlichen Raum kam es zu Verödungen und zur Aufgabe von Siedlungen.

In Ungarn brach mit der am 4. April 1945 abgeschlossenen Besetzung des Landes durch sowjetische Truppen das faschistische Pfeilkreuzlerregime zusammen. 1945/46 wurde eine radikale Landreform durchgeführt, in deren Verlauf die

Hellblau: Flucht/Vertreibung aus Ostmitteleuropa
Dunkelblau: Flüchtlinge aus der SBZ bzw. DDR
In den Kreisdiagrammen:
Anteil der Vertriebenen an der Bevölkerung in Prozent (1950): hellblau
Anteil der Flüchtlinge aus der SBZ bzw. DDR an der Bevölkerung in Prozent (1959): dunkelblau
In den Kreisen: Zahl der Vertriebenen nach Land

Karte: Deutsche Flüchtlinge und Vertriebene 1945 bis 1950
Copyright: Haus der Heimat des Landes Baden-Württemberg

deutschsprachigen Donauschwaben enteignet wurden. Schon im Juli 1945 war die nationalsozialistische Belastung vor allem der deutschen Minderheit überprüft worden, wobei ein vierstufiges Kategorienschema angewandt wurde. Zunächst wurden die Ungarndeutschen zwangsinterniert, nach der Einwilligung der Alliierten erfolgte dann die Zwangsaussiedlung. „Eine am 21. Dezember 1945 erlassene „Aussiedlungsverordnung" bestimmte, dass alle Deutschen, die bei der Volkszählung von 1941 Deutsch sowohl als Muttersprache als auch als Nationalität angegeben hatten, unter Verlust ihres Vermögens wie ihrer Staatsbürgerschaft nach Deutschland zu vertreiben seien".[50] Kollektiv sollten die Ungarndeutschen für Kriegsverbrechen und „den Faschismus" bestraft werden. Besonders betroffen von den konkreten Vertreibungen waren die Deutschen, „die einen verteilenswerten Besitz an Haus und Hof besaßen".[51] Bis 1948 wurden ca. 200.000 Deutsche aus Ungarn vertrieben, der größte Teil kam in den Raum Badens und Württembergs in der amerikanischen Besatzungszone. Rund 200.000 Deutsche blieben in Ungarn.[52]

Deportationen

Pavel Poljan definiert Deportation als „eine erzwungene Migration innerhalb der Grenzen eines Staates oder Machtbereiches einschließlich eroberter und besetzter Gebiete".[53] Nach dem Zweiten Weltkrieg benutzte vor allem die Sowjetunion dieses Mittel innerhalb ihres Machtbereichs.

In der Sowjetunion wurden die Angehörigen der deutschen Minderheit innerhalb des Landes zwangsumgesiedelt. Davon waren zwischen 1939 und 1941 mehr als eine Million Menschen betroffen. Klassenkämpferische und ethnische Kategorien vermischten sich dabei, die Russlanddeutschen wurden nach Sibirien und Kasachstan umgesiedelt. Es ging dabei nicht – wie in Polen und der Tschechoslowakei – um eine ethnische Homogenisierung, da die UdSSR auch weiterhin ein multiethnischer Staat blieb. Zudem wurde die Arbeitskraft der Menschen weiter gebraucht. Im Vordergrund standen vielmehr die soziale Revolution und die Bestrafung einzelner Ethnien, nicht nur der Deutschen. Die Pläne für die Umsiedlung bestanden bereits, als mit dem Angriff der Deutschen auf die Sowjetunion der konkrete Anlass gegeben wurde.[54]

Zu einer zweiten Deportationswelle, in der mindestens weitere zwei Millionen Menschen deportiert wurden, kam es infolge des Vorrückens der Roten Armee nach Westen und der Zurückeroberung von zeitweise von der deutschen Wehrmacht besetzten Gebieten. Die Deportationen betrafen nicht nur Deutsche, sondern u.a. auch Tschetschenen und Krimtataren. Sie wurden 1948 für dauerhaft erklärt und erst viel später aufgehoben.[55]

Stalin ließ aber nicht nur seine eigenen Bürger deportieren, sondern auch etwa 350.000 Deutsche aus Polen, Rumänien, Jugoslawien, Ungarn und der Tschechoslowakei. Von diesen Menschen kehrten nur etwa 100.000 zurück, wobei es sich bei den Zahlen um Schätzungen handelt.[56]

Aus Rumänien wurden etwa 70.000 Personen, etwa ein Sechstel der dort ansässigen deutschen Minderheit, zur Zwangsarbeit in das ostukrainische Industrierevier im Donbass deportiert. Sehr viele überlebten diese Zwangsarbeit nicht. Auch hier war das Ziel nicht eine ethnische Homogenisierung, sondern Vergeltung und Reparationen für den Zweiten Weltkrieg. Laut Philipp Ther lagen die Todesraten in den Zwangsarbeiterlagern deutlich höher als bei den Vertreibungen aus Polen und der Tschechoslowakei.[57]

Auch aus Jugoslawien wurde bereits im Dezember 1944 eine große Zahl von Donauschwaben in die Sowjetunion deportiert. Anders als die Rumäniendeutschen wurden die Jugoslawiendeutschen allerdings nach der Entlassung aus der Haft, sofern sie diese überlebt hatten, nicht nach Jugoslawien, sondern in die Sowjetische Besatzungszone zurückgebracht und von dort flohen sie oft weiter Richtung Westen.[58]

Im Land selbst wurden die Deutschen im November 1944 von der neuen kommunistischen Regierung unter Tito enteignet und ihnen wurden die Bürgerrechte aberkannt. Michael Schwartz gibt an, dass die Mehrzahl der Donauschwaben in jugoslawische Arbeitslager mit hohen Todesraten verschleppt wurde. 60.000 wurden schon vorher von den neuen Machthabern getötet. Die Überlebenden der Arbeitslager wurden oft erst nach 1950 in den Westen entlassen, nur eine sehr kleine Minderheit verblieb in Jugoslawien.[59]

Die Ankunft im Westen

Insgesamt geht man von etwa zwölf Millionen Vertriebenen und Flüchtlingen aus, die bis etwa 1950 in die vier Besatzungszonen Deutschlands kamen.[60] Etwa eine halbe Million Vertriebener kam nach Österreich, von denen etwa 300.000 dauerhaft blieben.[61] Das vom Krieg gezeichnete Land war auf einen solchen Bevölkerungszuwachs nicht vorbereitet. Den Ankommenden fehlte es an allem – sie brauchten aber zunächst vor allem Unterkunft und Verpflegung. Erneut wurden die Menschen vor allem in Lagern und lagerähnlich gruppierten Notbauten untergebracht, die Lageraufenthalte zogen sich zum Teil bis in die 50er Jahre hin. Dabei waren die Vertriebenen und Flüchtlinge von den Einheimischen getrennt, was eine schnelle Integration erschwerte. Zudem hofften viele immer noch auf eine baldige Rückkehr in die Heimat.

Bayern nahm rund zwei Millionen „Neubürger", wie man die Vertriebenen anfangs euphemistisch bezeichnete, auf. Aufgrund der geografischen Nähe und des Ausweisungsplans der Alliierten bildeten die Sudetendeutschen mit rund 55 Prozent die größte Gruppe. Die nächstgrößere Gruppe waren die Schlesier mit rund 25 Prozent, dann die Ostpreußen mit ca. fünf Prozent. Die neuen Bewohner konnten nicht viele materielle Dinge mitnehmen, sie brachten aber ein immaterielles „Fluchtgepäck" mit: Brauchtum und Traditionen, Dialekte, zum Teil eine andere Konfession als die Einheimischen, eine andere Berufsstruktur und politische Bildung.[62] Das konnte auch zu Konflikten mit der einheimischen Bevölkerung führen. Zudem veränderten die Flüchtlinge und Vertriebenen damit ihre neue Heimat nachhaltig – Veränderungen, die bis heute in der Gesellschaft und in der Siedlungsstruktur zu sehen sind.

Aussiedler

Der Exodus der Deutschen aus dem östlichen Europa war mit dem Ende von Flucht und Vertreibung noch nicht vorbei, sondern er hält bis heute an. Auch nach 1945 blieben Menschen deutscher Sprache oder deutsche Staatsbürger in den Ländern des entstehenden „Ostblocks". Sie lebten dort als nationale Minderheit in den Jahrzehnten bis zur politischen Wende 1989 unter sehr unterschiedlichen staatsrechtlichen und wirtschaftlichen Rahmenbedingungen. Zumeist waren sie sprachlich-kulturell, aber auch wirtschaftlich und politisch diskriminiert, wobei dies in den einzelnen Ländern auch großen Unterschieden und Veränderungen unterlag. Auch nach dem Ende des Vertreibungsgeschehens kamen zurückgebliebene Bewohner der ehemaligen deutschen Siedlungsgebiete zwischen Ostsee und Schlesien als Aussiedler in die Bundesrepublik. Angehörige der deutschen Minderheit aus Rumänien, Ungarn und der Sowjetunion konnten seit den 1960er Jahren Anträge auf Einreise in die Bundesrepublik stellen, wenn ihnen die Ausreise in ihrer Heimat erlaubt wurde. Dies war jedoch in den meisten Fällen nicht einfach, dauerte oft Jahrzehnte und wurde von staatlichen Repressalien begleitet. Die Bundesrepublik zahlte zum Beispiel in Rumänien in vielen Fällen Geld für die Ausreise von Angehörigen der deutschen Minderheiten. Als Konsequenz der Ostverträge, in deren Gefolge Familienzusammenführungen und generell Ausreisen erleichtert wurden, kamen vor 1987 ca. 1,5 Millionen Deutsche in die Bundesrepublik, vor allem aus Polen und Rumänien. In den Jahren um 1989 kam es zu einem starken Anstieg der Aussiedler, alleine 1990 waren es fast 400.000 Menschen, seither gingen die Zahlen zunächst langsam, seit 2006 stark zurück. Insgesamt kamen bis heute etwa 4,5 Millionen Aussiedler mit deutschen Wurzeln in die Bundesrepublik.[63] Die größte Gruppe unter ihnen waren die Deutschen aus der Sowjetunion (ca. 2,36 Millionen), gefolgt von Deutschen aus Polen (ca. 1,45 Millionen), aus Rumänien (ca. 431.000) und aus anderen Ländern (ca. 273.000).[64] Bis heute pflegen sie hier ihre jeweilige regionale Identität und Kultur und werden dabei, wie die Flüchtlinge und Vertriebenen, von Bund und Ländern unterstützt. Im Freistaat Bayern ist dies eine der Aufgaben des Hauses des Deutschen Ostens.

Ausblick

In der Gesellschaft der Bundesrepublik Deutschland leben heute Millionen von Menschen, die familiäre Wurzeln im östlichen Europa haben. Viele von ihnen haben Interesse daran, diese Wurzeln aufzuspüren, und reisen in die Länder, in denen ihre Vorfahren gelebt haben. Dies führt zu vielfältigen Kontakten und zum Brückenbau über die Gräben der Geschichte hinweg. Viele wegweisende grenzüberschreitende Kulturprojekte sind dabei entstanden, die helfen, die gegenseitigen Verletzungen, die das 20. Jahrhundert mit sich gebracht hat, zu heilen. Auch die deutschen Minderheiten in den Staaten des östlichen Europa können heute zum großen Teil ihre eigenständige Identität wieder pflegen und zu ihr stehen.

Anmerkungen

[1] Dies ist der Ansatz von: Keith Lowe, Der wilde Kontinent. Europa in den Jahren der Anarchie 1943 – 1950, Stuttgart 2014.

[2] Der Begriff Zwangsmigration hat sich in der Forschung etabliert und beschreibt als als wertfreier Fachterminus die oft als „Flucht und Vertreibung" bezeichneten Handlungen.

[3] Detlef Brandes/Holm Sundhaussen/Stefan Troebst (Hg.), Lexikon der Vertreibungen. Deportation, Zwangsaussiedlung und ethnische Säuberung im Europa des 20. Jahrhunderts, Wien/Köln/Weimar 2010, S. 7.

[4] Hans Lemberg, Das Jahrhundert der Vertreibungen, in: Dieter Bingen/Włodzimierz Borodziej/Stefan Troebst (Hg.), Vertreibungen europäisch erinnern? Historische Erfahrungen – Vergangenheitspolitik – Zukunftskonzeptionen (Veröffentlichungen des Deutschen Polen-Instituts Darmstadt 18), Wiesbaden 2003, S. 44 – 53.

[5] Mathias Beer, Flucht und Vertreibung der Deutschen. Voraussetzungen, Verlauf, Folgen, München 2011, S. 9; Karl Schlögel, Verschiebebahnhof Europa. Joseph B. Schechtmans und Eugene M. Kulischers Pionierarbeiten, in: Zeithistorische Forschungen/Studies in Contemporary History, Online-Ausgabe, 2 (2005), H. 3, URL: http://www.zeithistorische-forschungen.de/3-2005/id=4681

[6] Keith Lowe, Der wilde Kontinent. Europa in den Jahren der Anarchie 1943 – 1950, Stuttgart 2014.

[7] Ray M. Douglas: Ordnungsgemäße Überführung. Die Vertreibung der Deutschen nach dem Zweiten Weltkrieg, München 2012, S. 17.

[8] Rolf Peter Tanner, Politiken der ethnischen und kulturellen Homogenisierung und ihre Auswirkungen auf die Kulturlandschaft, in: Vera Denzer/Anne Dietrich/Matthias Hardt/Haik Thomas Porada/Winfried Schenk (Hg.), Homogenisierung und Diversifizierung von Kulturlandschaften (Siedlungsforschung – Archäologie – Geschichte – Geographie 29), Bonn 2011, S. 329 – 344, hier: S. 334.

[9] Michael Schwartz, Ethnische „Säuberungen" in der Moderne. Globale Wechselwirkungen nationalistischer und rassistischer Gewaltpolitik im 19. und 20. Jahrhundert, München 2013, S. 428.

[10] Douglas, S. 34 u. 96; Holm Sundhaussen, Lausanner Konferenz, in: Lexikon der Vertreibungen, S. 387f.

[11] Sundhaussen, Griechen aus der Türkei, S. 272ff.

[12] Vgl. dazu: Matthias Stickler, „Christlich-griechisch" oder „muslimisch-türkisch" – Überlegungen zum Stellenwert religiöser und ethnisch-nationaler Identitätskonstruktionen beim griechisch-türkischen Bevölkerungsaustausch von 1923, in: Historisches Jahrbuch 135/2015 [im Druck].

[13] Douglas, S. 96ff; Norman Naimark, Flammender Hass. Ethnische Säuberungen im 20. Jahrhundert, München 2004, S. 141.

[14] Beer, Flucht und Vertreibung der Deutschen, S. 38.

[15] Douglas, S. 61f.

[16] Beer, Flucht und Vertreibung der Deutschen, S. 42.

[17] ebd, S. 64.

[18] Schwartz, S. 533.

[19] ebd., S. 538.

[20] Douglas, S. 123 – 125.

[21] Schwartz, S. 510.

[22] ebd., S. 514.

[23] Beer, Flucht und Vertreibung der Deutschen, S. 75.

[24] ebd., S. 76.

[25] ebd.

[26] ebd., S. 76f.

[27] Zitiert nach Beer, Flucht und Vertreibung der Deutschen, S. 80.

[28] Schwartz, S. 554.

[29] Beer, Flucht und Vertreibung der Deutschen, S. 80f.

[30] Kateřina Lozoviuková, Brünner Todesmarsch, in: Lexikon der Vertreibungen, S. 85f; Lozoviuková, Aussiger Brücke, in: Lexikon der Vertreibungen, S. 57f.

[31] Beer, Flucht und Vertreibung der Deutschen, S. 82.

[32] Mitteilung über die Dreimächtekonferenz von Berlin [„Potsdamer Abkommen"] (02.08.1945), zitiert nach: Historische Gedenkstätte des Potsdamer Abkommens Cecilienhof (Hg.), Das Potsdamer Abkommen. Dokumentensammlung, Berlin 1984, S. 193.

[33] ebd., S. 196.

[34] Schlögel.

[35] ebd.

[36] Norman M. Naimark, Flammender Hass. Ethnische Säuberungen im 20. Jahrhundert, München 2004, S. 172.

[37] Schwartz, S. 506f.

[38] Douglas, S. 459.

[39] Historische Gedenkstätte des Potsdamer Abkommens Cecilienhof (Hg.), S. 196.

[40] Douglas, S. 202.

[41] Schwartz, S. 567f.

[42] Christian Graf von Krockow, Die Stunde der Frauen. Ein Bericht aus Pommern 1944 bis 1947. Nach einer Erzählung von Libussa Fritz Krockow, Stuttgart 1988; dazu: Mathias Beer, „Die Stunde der Frauen". Graf von Krockow revisited, in: August H. Leugers-Scherzberg/Lucia Scherzberg (Hg.), Genderaspekte in der Aufarbeitung der Vergangenheit (theologie.geschichte, Beiheft 8), Saarbrücken 2014, S. 233 - 261.

[43] Douglas, S. 151.

[44] Beer, Flucht und Vertreibung der Deutschen, S. 77.

[45] ebd., S. 79.

[46] Beata Halicka, Polens Wilder Westen. Erzwungene Migration und die kulturelle Aneignung des Oderraums 1945 - 1948, Paderborn 2013.

[47] Schwartz, S. 569.

[48] Beer, Flucht und Vertreibung der Deutschen, S. 82f.

[49] Douglas, S. 282.

[50] Gerhard Seewann, Ungarn, in: Online-Lexikon zur Kultur und Geschichte der Deutschen im östlichen Europa, 2012, URL: ome-lexikon.uni-oldenburg.de/53722.html (Stand 29.11.2012).

[51] ebd.

[52] Beer, Flucht und Vertreibung der Deutschen, S. 97.

[53] Pavel Poljan, Deportation, in: Lexikon der Vertreibungen, S. 122.

[54] Schwartz, S. 524 - 527.

[55] Arkadij German, Deutsche aus dem Wolgagebiet, in: Lexikon der Vertreibungen, S. 189 - 192.

[56] Schwartz, S. 519f.

[57] Philipp Ther, Die dunkle Seite der Nationalstaaten. „Ethnische Säuberungen" im modernen Europa, Göttingen 2011, S. 198.

[58] Ingomar Senz, Die Donauschwaben (= Vertreibungsgebiete und vertriebene Deutsche; Band 5), München 1994, S. 129f.

[59] Schwartz, S. 573f.

[60] Vgl. dazu das Standardwerk von Andreas Kossert, Kalte Heimat. Die Vertriebenen nach 1945 in Deutschland, München 2008.

[61] Vgl. Matthias Stickler, Vertriebenenintegration in Österreich und Deutschland - ein Vergleich, in: Verschiedene europäische Wege im Vergleich. Österreich und die Bundesrepublik Deutschland 1945/49 bis zur Gegenwart. Festschrift für Rolf Steininger zum 65. Geburtstag. Hg. von Michael Gehler und Ingrid Böhler. Innsbruck 2007, S. 416 - 435.

[62] Karin Pohl, Zwischen Integration und Isolation. Zur kulturellen Dimension der Vertriebenenpolitik in Bayern (1945–1975), München 2009, S. 41f.

[63] Susanne Worbs/Eva Bund/Martin Kohls/Christian Babka von Gostomski, (Spät-)Aussiedler in Deutschland. Eine Analyse aktueller Daten und Forschungsergebnisse (Bundesamt für Migration und Flüchtlinge 2013 Forschungsbericht 20), Berlin 2013, S. 7.

[64] ebd., S. 28.

BRIEFE AUS DEM SCHRIFTWECHSEL DER ELTERN
LEIHGEBERIN: URTE ACKENHUSEN, GEB. BOROWSKI

„Mein Vater wurde 1939 zur Wehrmacht eingezogen. Meine Mutter musste mit Erntehelfern und Kriegsgefangenen das kleine Gut Sidden im ostpreußischen Eibenau allein bewirtschaften. Gegenüber den Gefangenen verhielt sie sich immer menschlich und das zahlte sich aus. Bei der plötzlichen Flucht vor dem Überfall der Russen im Oktober 1944 halfen sie, den Fluchtwagen zu packen, und stellten sich schützend vor uns. Die Flucht verlief über Treuburg nach Sensburg bis nach Stettin und endete nach Monaten voll Ungewissheit und Entbehrungen in Bröbberow in Mecklenburg. Auf der Flucht ging nach und nach unser gesamtes Gepäck verloren. Meine Mutter rettete aber einen großen Stapel Familienbriefe, den sie bis zum Kriegsende 1945 als ihren wichtigsten Schatz entweder am Körper trug oder in meinem Kinderwagen unter einer benutzten Windel versteckte, in der Hoffnung, dass diese keiner gerne hochheben würde. Die ganze Familie lebte dann einige Jahre in der DDR, wo sie als Bauern, die sie auf ihrem Gut seit jeher gewesen waren, wieder etwas Land bewirtschaften konnten. Das war ihnen ganz besonders wichtig. Umso schlimmer war es vor allem für meinen Vater, als die privaten Ländereien verstaatlicht und in Landwirtschaftliche Produktionsgenossenschaften (LPGs) umgewandelt wurden. Dies war ein Grund für unsere Familie, zum letzten Mal zu fliehen. In der Bundesrepublik fanden wir dann alle eine neue Heimat.“

O./ Schnatebüll, 9.9.45

Meine liebe Ruth,

hoffentlich bist Du ohne zu große Schwierigkeiten in Bauxdorf angelangt. Ich danke Dir nochmals für alle Deine Gedanken und alles Gute, das Du mir da durch erwiesen hast.

An demselben [...]

CIECHANÓW
Osterode, d. 12.1.40

Liebe Frau Jen!

Bin gestern hier wohlbehalten angekommen und sogar noch etwas früher als sonst, da ich ab Allenstein einen Wehrmachts-Urlauberzug benutzen konnte. D'Zug, der ohne zu halten bis Osterode durchfuhr und somit eine halbe Stunde früher hier eintraf. Nun muß man sich hier wieder einleben, zum Glück war es heute scheinbar nicht so kalt, wie war es bei Euch? Jedoch scheint der Frost wieder gegen Abend zuzunehmen und das ist meine große Sorge um Euch, wird die Wasserleitung bestehen können?

Heute ist wieder ein Kamerad von unserer Stube entlassen worden und zwar der berühmte Kamerad Stein aus Trospinnen

RUCKSACK

LEIHGEBER: PETER ALEXANDER

Peter Alexander wurde am 6. September 1929 in Tilsit in Ostpreußen geboren. Dort besuchte er von 1939 bis 1944 das Gymnasium. In den Sommerferien des Jahres 1944 verließ er Tilsit und fuhr zu seinen Eltern in die Sommerfrische nach Nidden auf die Kurische Nehrung. In dem Ferienort erreichte die Familie Alexander die Nachricht, dass ihr Haus in Tilsit bei einem Luftangriff von Brandbomben getroffen worden und abgebrannt war. „Auch mein damaliger bester Freund, Klaus Bartenwerfer, ist bei diesem Angriff mit seinen Eltern in ihrem Haus umgekommen. Der Krieg hatte unser bis dahin ruhiges und stilles Ostpreußen erreicht“, berichtet Peter Alexander. Die Familie verließ daraufhin Nidden und ging nach Adlig Medenau im Samland auf das Gut von Martha Hofer, einer Freundin der Familie.

„Da mein Vater dem Grundsatz huldigte, dass mir kein Schultag geschenkt werden dürfe, hatte er mich zum weiteren Schulbesuch beim Collegium Fridericianum in Königsberg angemeldet.“ Doch bereits wenige Tage später brannte die Schule bei den Luftangriffen auf Königsberg im August 1944 völlig aus.

Mit dem Vorrücken der Roten Armee an der Ostfront im Oktober 1944 begann die Familie zu überlegen, ob man gehen oder bleiben sollte. Man wollte sich nicht zu weit von Tilsit entfernen, um schnell wieder zurückkehren zu können, und so blieb die Familie noch bis nach Weihnachten in Medenau.

„Mitte Januar 1945 wurde dann für die ganze Familie das Fluchtgepäck gepackt und für einen ganz plötzlichen Aufbruch bereitgestellt. Durch Medenau zogen immer mehr Soldaten. Mit LKW, Pferdewagen oder zu Fuß. Es herrschte ein gewisser Geräuschpegel, der uns noch eine Beruhigung gab. Denn trotz vieler Nachfragen hatte es bisher noch keine Treckerlaubnis gegeben. Geschützdonner war in der Ferne zu hören.“

Am 30. Januar entschloss sich die Familie Alexander gemeinsam mit Martha Hofer den Ort mit einem Pferdeschlitten in Richtung Pillau zu verlassen, um dort mit einem Schiff weiter westwärts zu fahren. Auf dem Weg dorthin trafen sie bereits auf große Flüchtlingsgruppen.

Peter Alexander berichtet über die weiteren Ereignisse: „Es war ein heller Tag mit Sonnenschein. Wir hatten Angst, dass wir von Tieffliegern der Sowjets beschossen würden oder von Land aus, aber alles blieb ruhig. Erst in völliger Dunkelheit kamen wir im Pillauer Seehafen an. Dort wurden die Frauen und Kinder von einem Torpedoboot aufgenommen, das am nächsten Morgen in Richtung Reich auslaufen sollte. Wir Männer, mein Vater, der Gärtner und ich mussten versuchen, auf einem ande-

ren Wege hinauszugelangen. Jeder von uns drei Männern nahm nur einen Rucksack mit. Leider hatten wir übersehen, dass wir die Rucksäcke mit Fleisch, Butter und Zucker mitnahmen, aber ohne Handtuch, Kamm und Seife und Brot." Peter Alexander war zu diesem Zeitpunkt 15 Jahre alt.

Die Männer versuchten über die Nehrung weiter nach Danzig zu ziehen. „In der Zwischenzeit fing es an, leicht zu tauen. Der Weg war matschig, es lief sich mit Gepäck und zwei Anzügen am Körper ausgesprochen schlecht. Zum Glück fanden wir nach rund 25 Kilometer Fußmarsch einen Militärlastwagen, auf dem wir auf den vorderen Kotflügeln mitfahren konnten."

Am 2. Februar 1945 erreichten sie Danzig und fuhren von dort aus weiter nach Zoppot. In Zoppot blieben sie eine Woche und fuhren regelmäßig zum Abendessen nach Danzig: „Nachträglich kommt es mir wie der Tanz auf dem Vulkan vor, dass wenige Wochen vor der totalen Zerstörung dieser schönen Stadt in einem behaglichen alten Restaurant durch befrackte Kellner ein herrliches Essen serviert wurde."

Vermutlich am 9. Februar gelang es Peter Alexander und seinem Vater einen Zug nach Stettin zu nehmen. Von dort konnten sie weiter nach Berlin fahren. Als Treffpunkt mit dem Rest der Familie hatten sie den Ort Zschadraß bei Colditz in Sachsen verabredet: „Je näher wir nach Colditz kamen, desto größere Sorgen machten wir uns, ob wir dort meine Mutter, meine Schwester und unsere Haushälterin, die ein Teil der Familie war, vorfinden würden. Da die Familie bereits in Zschadraß mehr als eine Woche vor uns eingetroffen war, konnten wir über das Wiedersehen glücklich sein." Auch in Sachsen musste der 15-Jährige sofort wieder in die Schule auf das St.-Afra-Gymnasium in Meißen: „Die letzten Tage der Schulzeit in Meißen verbrachten wir beim Volkssturm. Ein sehr vernünftiger Kompaniechef löste unsere Einheit rechtzeitig auf und schickte alle nach Hause."

Nachdem die Rote Armee am 8. Mai diesen Teil Deutschlands übernommen hatte, wollte die Familie weiterziehen. Die Hoffnung auf eine baldige Rückkehr nach Ostpreußen hielt sie davon ab. So waren sie einige Jahre später Bürger der DDR geworden. Der junge Peter Alexander konnte sich in den Westen absetzen.

Sein Fluchtrucksack ist erhalten geblieben und diente noch der nächsten Generation bei Pfadfinderfahrten.

Teilweise zitiert nach dem schriftlichen Bericht von Peter Alexander.

PORZELLANSCHÜSSEL

LEIHGEBERIN: **RENATE ARMONAT, GEB. HAAS**

„Meine Eltern und ich sind im Mai 1945 aus Prag vertrieben worden. Wir durften nicht den geringsten persönlichen Besitz mitnehmen und verließen die Heimat nur mit dem, was wir auf dem Leib trugen – meinen Eltern hat man sogar die Eheringe abgenommen. Ein Jahr leisteten wir Zwangsarbeit in Střemy bei Mělník. Danach wurden wir nach Bad Königswart gebracht, von wo aus die Flüchtlingstransporte abgewickelt wurden. Meine Mutter arbeitete als ‚Sekretärin' des Lagerleiters, da sie perfekt Deutsch und Tschechisch sprach.

Ein Erwachsener durfte bei der Vertreibung je nach Region und Zeit bis zu 50 Kilogramm Gepäck mitnehmen. Was darüber hinausging, wurde zurückbehalten. Aus diesen Resten des Vertreibungsgepäcks anderer durfte sich meine Mutter etwas aussuchen. Was sie alles mitgenommen hat, weiß ich nicht mehr.

Als einziges erhalten ist die ovale Schüssel, die wohl ursprünglich für das Servieren von Suppe gedacht war. Sie wurde in der böhmischen Porzellanfabrik des Grafen Thun in Klösterle hergestellt. In ihr werden bei uns zur Weihnachtszeit die Vanillekipferl aufbewahrt."

DIE KARLSBADER UHR

LEIHGEBER UND TEXT: DR. PETER BECHER

In dem warmen, dämmernden Licht meiner frühen Lebensjahre sehe ich manchmal eine Uhr, die hoch an der Wand hinter der Tür des Wohnzimmers hängt. Ihr hellbraunes, glänzendes Gehäuse besitzt eine runde Glasscheibe, hinter der sich blattartig verschlungene Zeiger bewegen. Aus der Unterseite des Gehäuses ragt ein Perpendikel heraus, dessen vergoldete Drähte sich so kunstvoll einrollen, dass sie dem Augenpaar einer Eule gleichen. Wie oft hatte ich als Kind zu dieser Uhr hinaufgeblickt und gewartet, ob sich die Eule wieder in den züngelnden Kopf einer Schlange verwandelt, der sich drohend hin und her bewegt. Wenn der Gong ertönte und das feine Surren der Zahnräder die Luft erfüllte, öffnete sich jedes Mal ein Fenster, das keinen bestimmten Blick freigab, aber eine feierliche Erregung in mich eindringen ließ.

In den Gongschlag hinein hörte ich oft eine Stimme, eigenartig rau und warm zugleich, die Stimme meines Großvaters, der mit zitternden Händen aus einem Märchenbuch las. Diese Stimme vermochte zu fesseln und zu beruhigen, ihrer sanften Macht fügten sich Ängste und Bedenken, sie verwandelte den gefährlichen Schlangenkopf in das harmlose Blattwerk des Perpendikels zurück und verlieh ihm einen Glanz, der noch nach Jahrzehnten Licht und Wärme spendete.

Einst hatte er die Uhr seinem Bruder zur Hochzeit geschenkt, noch vor dem Ersten Weltkrieg, so lange war das her. Manchmal stelle ich mir vor, wie das gewesen sein mochte, als die Glocken der Magdalenenkirche läuteten und die Luft mit dem Klang jener zitternden Geborgenheit erfüllte, welche die Erinnerung den Sonntagen früher Kinderjahre zuzusprechen pflegt. Schon verschmelzen Erinnerung und Fantasie, Kinder springen über die Treppe der Kirche herab, die Buben mit Anzügen und Krawatten, die Mädchen mit weißen Kleidern, und machen den Weg für das Brautpaar frei, das aus dem Portal der Kirche tritt.

Da geht mein Großvater mit steifem Hut und hochgeschlossenem Kragen auf das Brautpaar zu und überreicht ein sorgfältig verschnürtes Paket. Neugierig drängen sich die Gäste näher. Doch der Bräutigam denkt nicht daran, das Paket zu öffnen. Er bedankt sich nur, legt es zu den anderen Gaben und umarmt den Gratulanten. Erst am nächsten Tag packt er die Geschenke aus, gemeinsam mit seiner Frau. In dem Paket finden sie einen hölzernen Uhrkasten, in den ein runder Glasdeckel eingelassen ist, unter dem Glasdeckel blattartig verschlungene Zeiger, daneben ein Perpendikel in der Form eines Tieres, das der Bräutigam für eine Eule, die Braut dagegen für eine Schlange hält.

So mochte das damals gewesen sein. Doch das Glück hielt nicht lange an, oder sollte man zwei Jahrzehnte doch für eine lange Zeit halten? Im Herbst 1938, nachdem vier europäische Großmächte eine schicksalsschwere Entscheidung getroffen hatten, änderten sich auch in Karlsbad die politischen Verhältnisse von einem Tag auf den anderen. Der Bruder meines Großvaters war damals für eine Partei tätig, die den neuen Machthabern im Weg stand. So kam es, dass am selben Tag, an dem viele Menschen vor dem Stadttheater jubelten, zwei Männer an seine Haustür klopften und ihn für verhaftet erklärten. Er wurde zum Bahnhof gebracht und in einen Güterwagen gesperrt, der zwei Tage lang nach Westen zu einem Konzentrationslager rollte. Das Lager befand sich am Rand eines Ortes, in dessen Künstlerkolonie seit vielen Jahren der Karlsbader Maler Carl Thiemann wohnte, nicht einmal 20 Kilometer von München entfernt.

Doch damit nicht genug, Menschen, die nicht zur Herrenrasse zählten, wurden erbarmungslos verfolgt, ein Krieg wurde entfacht, der Millionen Tote forderte, auch mein Vater zählte zu den Verletzten. Der genesende Soldat durfte einige Wochen in seiner Heimatstadt bleiben, die er kaum wiedererkannte, die sich in eine Lazarettstadt verwandelt hatte, in eine Hungerstadt. Wo die große Gesellschaft Europas verkehrt, wo Goethe der österreichischen Kaiserin begegnet war, wo sich Schiller und Beethoven aufgehalten hatten, da lagen jetzt Verletzte und Sterbende, Gestalten mit zitternden Händen und fiebernden Augen. Im Kurhaus setzte sich ein älterer Mann zu dem Soldaten an den Tisch. Lange schauten sie sich an, ohne ein Wort zu sprechen, der junge hellhaarige Mann, der gerade einen Lungenschuss überstanden hatte, und der alte Sozialdemokrat, der eineinhalb Jahre im Konzentrationslager von Dachau gewesen war. Kein Wort erzählte er davon. Kein Wort sagte auch der Soldat. Aber die Wortlosigkeit der beiden fügte sich zu einem Bild jener eisernen Zeit.

Am Tag der Befreiung war der Bruder meines Großvaters in einer KZ-Uniform auf die Straße gegangen und tatsächlich rücksichtsvoller behandelt worden. Wenige Monate später musste er jedoch die Erfahrung machen, dass auch er und seine Gesinnungsfreunde in diesem Land nicht mehr erwünscht waren. Lediglich in besonderen Zügen durften sie ausreisen, in antifaschistischen Zügen. Die Tragik wollte es, dass er wenige Tage vor der Abreise starb. So kam es, dass seine Witwe den Zug alleine bestieg, der sie – Ironie des Schicksals – genau zu der Stadt brachte, in der ihr Mann eineinhalb Jahre lang im KZ eingesperrt gewesen war. Unter den persönlichen Gegenständen, die sie mitführen durfte, befand sich auch jene hellbraune Wanduhr mit den schwarzen Zeigern und dem vergoldeten Perpendikel, die sie einst zur Hochzeit geschenkt bekommen hatten. Und so kam es, dass mein Vater diese Uhr nach ihrem Tod erbte und dass die Uhr mir eine Kindheit lang Geschichten erzählte, die ich erst viel später, als Erwachsener, zu enträtseln und zu begreifen begann.

SELBSTGESTALTETER KALENDER FÜR DAS JAHR 1945

LEIHGEBERIN: RENATE BECK-HARTMANN

„Ich bin dein, du bist mein,
des sollst du gewiß sein.
Du bist beschlossen in meinem Herzen.
Verloren ist das Schlüsselein:
nun mußt du immer drinnen sein."

Volkslied aus dem Minnesang

Die Eltern von Renate Beck-Hartmann, Egon und Waltraude Hartmann, geb. Pohl, lernten sich im Mai 1938 beim Volkstanz des Deutschen Sängerbundes Reichenberg kennen. Fünf Jahre später, im Juli 1943, verlobte sich das junge Paar im Elternhaus der Braut in Christofsgrund bei Reichenberg. Egon Hartmann war seit 1939 als Pionier bei der Wehrmacht im Fronteinsatz. Während eines kurzen Fronturlaubs heirateten beide am 10. August 1944 in St. Christofori.

Der selbstgestaltete Kalender für das Jahr 1945 war ein Geschenk der jungen Braut an ihren Ehemann. Ihre Tochter Renate Beck-Hartmann schreibt darüber: „In dem Schrankfach, in dem meine Eltern ihre persönlichen Fotoalben aufbewahrten, war auch ein Kalender für das Jahr 1945. Bis zur Haushaltsauflösung des elterlichen Hausstandes im Jahre 2010 hatte ich diesen Kalender nie zuvor gesehen." Der Kalender wurde mit Fotos der Hochzeit und jeweils einem Liebesgedicht gestaltet.

„Dieser Kalender ist ein Zeugnis der Liebe, der Liebe, die die frisch vermählte Ehefrau für ihren Ehemann, der in der Ferne an der Front ist, empfindet. Da der Ehemann Egon nach dem kurzen Heirats-Urlaub sofort wieder zurück an die Front musste, hatte er vermutlich noch keines der Fotos vorher gesehen und so wollte Waltraude ihm eine liebevolle Überraschung mit diesem persönlich gestalteten Kalender bereiten. Ob Waltraude, als sie den Kalender fertigte, schon wusste, dass ihr Ehemann gerade noch an der Front überlebt hatte?"

Egon Hartmann war im November 1944 schwer verletzt worden. Er hatte seine untere Gesichtshälfte verloren und litt ein Leben lang unter Problemen mit der Atmung, der Ernährung und dem Sprechen. Seine Ehefrau konnte ihn im Lazarett besuchen.

„Ich kannte meinen Vater nicht als jungen, gut aussehenden, attraktiven Mann – ich kannte ihn nur als Mann mit einem stark entstellten Gesicht. So gehören für mich die Fotos in diesem Kalender auch zu den letzten Zeugnissen, die meinen Vater in einem körperlich gesunden, unversehrten Zustand zeigen.

So Mo Mi Do Fr Sa
Wie süß ist alles erste Kennen-
lernen!
Du lebst so lange nur, als du
entdeckst.
Doch sei getrost: Unendlich ist
der Text,
und seine Melodie gesetzt aus-
Sternen.
Ch. Morgenstern.

Dieser Kalender ist mehr als ein Fotoalbum oder als eine Gedichtsammlung. Er enthält optisch und mental spürbar die Gefühle jung verliebter Menschen, die an eine glückliche, vielversprechende Zukunft glaubten.

Zum Zeitpunkt der Entstehung des Kalenders ahnte wohl keiner, dass sowohl das Jahresende 1944 als auch das Jahr 1945 für das glücklich getraute Paar ein Schreckensjahr werden würde.

Wie der Kalender die traumatischen Zeiten, die folgten, überlebte, ist mir nicht bekannt. Meine Vermutung ist, dass Egon ihn in seinem Offizierskoffer, in der er persönliche Dinge aufbewahrte, verstaute. Der Offizierskoffer von Egon blieb mit dem teilweisen Inhalt erhalten und er begleitete ihn von Lazarett zu Lazarett, so auch schließlich im Jahre 1946 nach Gotha/Thüringen."

Egon Hartmann war auf Drängen eines Arztes mit einem der letzten Transporte aus dem Lazarett in Prag nach Gotha verlegt worden. Seine Ehefrau und ihre Familie traf er in Weimar wieder.1950 bekam das Ehepaar Hartmann das erste von vier Kindern – Renate.

Teilweise zitiert nach dem schriftlichen Bericht von Renate Beck-Hartmann.

August 1945
So Mo Di Mi Do Fr Sa
1 2 3 4
5 6 7 8 9 10 11
12 13 14 15 16 17 18
19 20 21 22 23 24 25
26 27 28 29 30 31
Liebster, nur dich sehn, dich hören
und dir schweigend angehören;
nicht umstricken dich mit Armen,
nicht am Busen dir erwarmen,
nicht dich küssen, nicht dich fassen –
dieses alles kann ich lassen,
nur nicht das Gefühl vermissen,
mein dich und mich dein zu wissen.
Friedrich Rückert.

MEERSCHAUM-PFEIFE

LEIHGEBERIN: RENATE BECK-HARTMANN

Renate Beck-Hartmann erbte diese Meerschaum-Pfeife von ihrem Großvater mütterlicherseits, Richard Pohl (1889 – 1972). Die Enkelin berichtet über ihren Großvater:

„Mein Großvater Richard Pohl war Förster mit Leib und Seele. Er war der letzte Förster einer langen Ahnenreihe von Förstern, die in Böhmen in den Diensten der Grafen Gallas und Clam-Gallas standen. Sein letzter gräflicher Dienstherr war Franz Graf von Clam-Gallas (1854 – 1930). Nach dessen Tod betreute Richard Pohl bis zur Vertreibung aus seiner Heimat die Reviere, die in den Besitz von Edina Winkelbauer, der drittältesten Tochter von Franz von Clam-Gallas übergegangen waren.

Im Juli 1945 musste Richard Pohl mit seiner Familie das geliebte Forsthaus in Christofsgrund verlassen. Nur wenige Habseligkeiten, das heißt laut schriftlicher Überlieferung nur Handgepäck, konnte er mitnehmen. So rettete er die für ihn wichtigsten Nachweise: die Förster-Dokumente und eine Pfeife, die ihm viel bedeutete."

Gemeinsam mit seiner Frau Berta Pohl und seiner Tochter Waltraude Hartmann, geb. Pohl, kam Richard Pohl nach der Ausweisung nach Dresden. Später konnte er im nahegelegenen Tharandt an der Forstlichen Hochschule unterrichten, bis er schließlich in Friedebach in Thüringen wieder ein eigenes Revier erhielt.

„Eines Tages, es war wohl Ende der 60er Jahre, sagte Opa zu mir: ‚Renatl, meine Pfeifen und Krüge (drei Bierkrüge mit Zinndeckel) sollst du einmal haben – bei dir weiß ich sie in guten Händen!' Opa erzählte damals noch die eine oder andere Begebenheit im Zusammenhang mit seinen kleinen ‚Schätzen', die ich aber leider nicht vollständig in Erinnerung behalten habe. Ich erinnere mich nur fragmentarisch, dass Opa erwähnte, er hätte die kleine Meerschaumpfeife vom Leibdiener des Grafen als Anerkennung für eine besondere Dienstleistung bekommen. So nahm ich Opas Pfeifen und Bierkrüge mit, als ich 1974 aus dem Elternhaus auszog."

Die Pfeife stellte für Richard Pohl einen ganz besonderen Gegenstand dar: „Im Vergleich zu Richard Pohls anderen Pfeifen ist diese Pfeife besonders zierlich und sie konnte sicherlich gut in den Taschen der Försterkleidung verstaut werden. Sie ist auch seine einzige Pfeife im Etui." Für seine Enkelin ist sie ein besonders wertvolles Erinnerungsstück.

Teilweise zitiert nach dem schriftlichen Bericht von Renate Beck-Hartmann.

KLEINER KOFFER UND BESTICKTE TISCHDECKE

LEIHGEBERIN: INGE BEEG

„Ich halte einen kleinen Koffer und eine reich bestickte Tischdecke in Ehren, die beide die Flucht überstanden haben. Meine Mutter hat besonders gerne gestickt und eigentlich jedes Jahr eine Tischdecke fertig gestellt. Diese eine hat sie mitgenommen, alle anderen blieben zurück.

Geflüchtet sind wir am 27. Januar 1945 aus der Kleinstadt Driesen-Vordamm, Kreis Friedeberg/Neumark. Das liegt im Netzebruch, an der Ostbahnstrecke Berlin – Küstrin – Schneidemühl.

Die Züge fuhren bei Schnee und -14° Kälte schon sehr unregelmäßig. Von weitem konnte man die Front hören, daher wurde die Bevölkerung aufgefordert, die Wohnungen zu verlassen. Glücklicherweise war meine Mutter im Eisenbahndienst tätig und konnte erfragen, ob und wann überhaupt noch ein Zug kommt. Es kam dann einer, der aber entgegengesetzt in Richtung Osten nur noch bis zum nächsten Bahnhof Kreuz fuhr. Meine Mutter wagte es, mit meiner Großmutter, mir und allem Gepäck einzusteigen.

Die Lokomotive hat dann tatsächlich in Kreuz rangiert und fuhr zurück Richtung Berlin. Wir konnten vorerst bei einer befreundeten Familie aufgenommen werden.

Dann kamen wir ins Auffanglager Leipzig und erlebten schließlich in Brandenburg an der Havel das Kriegsende. Unser Vater ist als erster über die Grenze in den Westen geflohen. 1948 kam der Rest der Familie nach, wir marschierten bei Nacht zu Fuß durch den Wald, geführt von einem ortskundigen Bauern. Dies war innerhalb weniger Jahre unsere zweite Flucht.

Wir fanden unser neues Zuhause im Westen, zuerst in Kassel und später in Köln."

EMAILLIERTER BLECHTELLER

LEIHGEBER: HEINZ BIRG

„Nach vier serbischen Internierungslagern 1944 – 47 gelang dem Rest unserer Familie mit einigen anderen Überlebenden die nächtliche Flucht durch die Kukuruzfelder [i.e. Maisfelder] nach Ungarn. In Baja gab es kostenlose Suppe. Um die überhaupt essen zu können, erwarb meine Großmutter diesen Teller. Er hat einen Durchmesser von nur 22 Zentimeter. Ihr war immer wichtig, ihn weder wegzuwerfen, noch gering zu achten."

Heinz Birg wurde 1941 in Heufeld im Banat geboren. Der Ort liegt in der Vojvodina im Distrikt Nord-Banat im Nordosten von Serbien, nahe der rumänischen Grenze. Heinz war ein Junge von drei Jahren, als er ins Lager kam, drei Jahre später, er war gerade sechs Jahre, floh er zusammen mit seiner Familie. Baja, die Stadt, in der er auf der Flucht etwas zu Essen bekam, liegt in Südungarn an der Donau.

Im Alter von 20 Jahren begann Heinz Birg sein Architekturstudium in München, das er mit dem Diplom abschloss. Er lebt und arbeitet in München und Italien.

VERSEHGARNITUR

LEIHGEBERIN: ANNELIESE BIRKMEIER, GEB. WATZKA

Anneliese Watzka wurde im April 1944 auf dem großelterlichen Hof in Auherzen im Landkreis Mies im Sudetenland geboren. Zum Zeitpunkt der Geburt war ihre Mutter Margarethe bereits Kriegerwitwe.

Im Mai 1946 wurden die Mutter und ihre zweijährige Tochter zusammen mit anderen Familienmitgliedern „ausgesiedelt", wie sie den Vorgang selbst nennen. Ihre erste Station in Bayern war Dasing im Landkreis Friedberg. Mutter und Tochter Watzka erhielten zusammen monatlich 27 Mark Witwen- und Waisenrente. „Das war wenig genug", meinte die Leihgeberin, „aber dass wir das Geld regelmäßig bekamen, hat schon manchen Neid geweckt."

Die Versehgarnitur hatte die Mutter in ihrem Fluchtgepäck. Die Tochter erklärt dazu: „Kein guter katholischer Christ hätte bei uns in Ruhe sterben können, wenn ihn der Pfarrer nicht mit dem Sakrament der Letzten Ölung versehen hätte. Heute sagt man zur Letzten Ölung Krankensalbung, so klingt es ein bisschen weniger endgültig."

BLECHDOSE MIT TAGEBUCH

LEIHGEBERIN: SIGLIND DROST

Adolf Purr, der Vater der Leihgeberin, schrieb im Internierungslager für Deutsche im ehemaligen Konzentrationslager Auschwitz auf gefundenen Papierresten und Teilen seiner Papiermatratze ein Tagebuch, in dem er seinen Weg seit Mai 1945 schildert. Um das Tagebuch aus dem Lager mitnehmen zu können, verstaute er es in einer Blechdose, die er bis dahin als Essensbehälter benutzt und die ursprünglich zur Aufbewahrung einer Gasmaske gedient hatte.

In diesem Tagebuch beschreibt Adolf Purr im Rückblick seinen Weg ins Lager, aber auch die dort herrschenden Bedingungen. Bis Mai 1945 arbeitete Purr als Gutsverwalter in der „Herrschaft Kunewald" und blieb auch dort, nachdem seine Frau und Tochter bereits nach Kaaden geflohen waren. Mit dem Evakuierungsbefehl vom 2. Mai musste auch er die Stadt verlassen. Mit einem Motorrad versuchte er, Richtung Westen nach Kaaden zu seiner Familie zu kommen, entschloss sich aber auf dem Weg zu seinem Elternhaus, nach Grabschütz zu fahren. Unterwegs wurde er immer wieder kontrolliert, aufgrund seiner Tschechischkenntnisse aber kaum aufgehalten. Am 10. Mai traf er in Grabschütz ein: „Es wohnen in meinem Elternhaus noch Flüchtlinge aus Schlesien, die für morgen ihre Abfahrt mit dem Flüchtlingswagen vorbereiten. Ich freue mich, dass meine Eltern recht munter sind und trotz der vielen Sorgen und der vielen Arbeit noch rüstig dastehen", schreibt Adolf Purr nachträglich in seinem Tagebuch. Am 14. Mai beschloss Purr allerdings, sich wieder zurück nach Kunewald durchzuschlagen, um dort aus der Wohnung die Habseligkeiten vor Plünderung zu schützen. Ein folgenschwerer Entschluss, denn er schaffte es zwar trotz Widrigkeiten in den Heimatort zurückzukehren, wurde dort aber am 19. Mai festgenommen und verurteilt. Man warf ihm vor, Tschechen und Zwangsarbeiter in seinem Betrieb gezwungen zu haben, mit „Heil Hitler" zu grüßen. Nach der Verurteilung kam er in verschiedene Internierungslager, bevor er am 12. Juni in das ehemalige Konzentrationslager Auschwitz kam: „Um 2 Uhr nachmittags sitzen wir angespannt, hungrig, stur und niedergeschlagen vor den Stacheldrähten des KZ Auschwitz. Unheimlich der Anblick. Nach langem, ungeduldigem Warten heißt es endlich Arm in Arm einhängen und es geht zum Tor hinein. [...] Aus einem Haufen (haushoch) leerer Konservenbüchsen erwähle ich mir hier und mit mir die meisten anderen das Essgeschirr, fasse eine Büchse, die mir zum Essen holen dienen soll. Sie kommt auch für die Abendsuppe das erste Mal zur Verwendung." Einige Tage später schrieb er: „Aus Sträflingsblusen mache ich mir nach gründlichem Entlausen, Waschen, Auftrennen einen Beutel für meine Näharbeiten.

In einer „Gasmasken-Trommel“ stelle ich mir ein größeres, besseres Essgeschirr her. Damit bin ich schließlich gut ausgerüstet.“

Das Konzentrationslager Auschwitz nahe der polnischen Stadt Oświęcim wurde von 1940 bis 1945 von der SS betrieben. Die Nationalsozialisten ermordeten dort etwa 1,1 Millionen Menschen. Am 27. Januar 1945 wurde das Lager von der Roten Armee befreit. Ab April 1945 nutzte die sowjetische Militärverwaltung das Stammlager als Durchgangslager für deutsche Kriegsgefangene, später dann auch für deutsche Zivilisten wie Adolf Purr.

Am 1. September konnte er gemeinsam mit den anderen inhaftierten Sudetendeutschen das Lager wieder verlassen. Allerdings musste er anschließend noch bis Mai 1946 in einer Kohlegrube in Karwin bei Ostrau arbeiten, bevor er im Juni zu seiner Familie nach Kaaden konnte. Im August 1946 wurde die gesamte Familie aus der Tschechoslowakei ausgewiesen und kam nach Eisleben in Sachsen-Anhalt in die sowjetische Besatzungszone. Die Dose mit dem Tagebuch konnte er mitnehmen: „Diese Blätter sollen den Nachkommen erhalten bleiben. Ich will hoffen, dass meine Enkelkinder in einer ruhigeren und auch glücklicheren Zeit diese Blätter als Erbstück weiter aufbewahren und Anteilnahme an den schweren Prüfungen der Kriegsjahre 1939 – 1945 nehmen.“

HANDTUCH, POMMERSCHES GESANGBUCH UND BIBEL

LEIHGEBER: HANS-GEORG GRAMS

Hans-Georg Grams erhielt dieses Handtuch, das Pommersche Gesangbuch und die Bibel von seiner Mutter Elisabeth Grams, geb. Hartwig. Er berichtet über die besondere Bedeutung des Handtuchs: „Dieses Handtuch gehörte meiner Mutter, die am 18. Mai 1897 in Neumassow, Kreis Naugard in Pommern, geboren wurde. Sie war das Kind einer Arbeiterfamilie. Die Kunst des Webens war in ihrem Ort bekannt. Sie erzählte uns Kindern oft aus der Zeit, wo besonders zwischen Weihnachten und Ostern in vielen Häusern das Klappern der Webstühle zu hören war. Auch meine Mutter hatte das Handwerk des Webens gelernt. Vermutlich ist deshalb dieses Handtuch in den Jahren zwischen 1914 und 1920 entstanden. 1920 hat sie den Bauern Paul Grams geheiratet und als Bauersfrau hatte sie keine Zeit mehr zum Weben."

Im März 1945 mussten Paul und Elisabeth Grams gemeinsam mit den Nachbarn ihr Dorf Eichenwalde im Kreis Naugard verlassen. Als vorläufiges Ziel wählten sie Neubrandenburg, da die Nachbarn dort Verwandte hatten.

„Der Flüchtlingszug unseres Dorfes wurde in Rühlow bei Neubrandenburg von den Russen eingeholt und unser Wagen wurde von russischen Panzern zerstört. Meine Eltern hatten gerade noch Zeit, die Pferde auszuspannen. Zu den brauchbaren Sachen, die meine Eltern danach aufgesammelt haben, gehörte auch dieses Handtuch, das Pommersche Gesangbuch und die Bibel. Das Gesangbuch gehörte meiner Mutter. Die Bibel hatte meine Mutter einst von ihrer Mutter erhalten. Mein Vater gab mir diese Sachen mit den Worten: ‚Dei sinn noch von tau Hus'."

Elisabeth Grams starb wenig später in Rühlow an Typhus, ihr Mann blieb in dem Ort.

Teilweise zitiert nach dem schriftlichen Bericht von Hans-Georg Grams.

Die Heilige Schrift
Evangelisches
Gesangbuch
für die
Provinz Pommern.
EV. GESANGBUCH FÜR POMMERN
Herausgegeben auf Grund der Beschlüsse der pommerschen Provinzial-Synode mit Genehmigung der kirchlichen Behörden.
Stettin.

DAS BILD IM NUDELBRETT

LEIHGEBERIN: MARIA GUNI

Maria Guni schreibt: „Vom Bild eines kleinen Mädchens, das mit einem großen Nudelbrett auf unerlaubte Reise ging:

In jener Zeit (… 1985 …) durften Arbeiten namhafter siebenbürgischer Künstler nicht außer Landes gebracht werden. Mir lag aber sehr viel an diesem Bild, für mich ein ‚Kleinod', saß ich doch als Dreieinhalbjährige im Jahr 1936 selber Modell.

Wie sollte dieses Bild nun über die Grenze kommen? Mein Schwager, ein findiger Schreiner, versprach, das gute Stück in ein Nudelbrett einzuarbeiten. Gesagt – getan! Bald konnte das Brett samt wertvollem Inhalt in einem Bus die Reise nach München antreten.

Ich erfreue mich auch heute noch, wie eh und je, an meinem Bild. 1966, 30 Jahre nach der Entstehung des Kunstwerkes bin ich Trude Schullerus noch einmal begegnet. Sie hat mich angesehen und gesagt: *Das ist die Stolzenburgerin mit den schwarzen Augen.*"

Wer vor der Wende in Rumänien einen Ausreiseantrag gestellt hatte, musste eine Reihe von Repressalien in Kauf nehmen. Diese reichten vom Verlust der Arbeit, wenn man, wie Frau Guni, im Staatsdienst beschäftigt war, bis hin zum einjährigen Wiedereinreiseverbot nach der Aussiedlung.

Die siebenbürgische Malerin Trude Schullerus (1889 – 1981) studierte in München und arbeitete u.a. in Leipzig. Studienreisen führten sie durch Deutschland und Italien, ehe sie in ihrer siebenbürgischen Heimat erneut Fuß fasste und dort bis zu ihrem Tod lebte und arbeitete.

MASARYK-MEDAILLE FÜR GUTE SCHULLEISTUNGEN

LEIHGEBER: **WERNER HARASYM**

Die 14-jährige Emmi Plaschke erhielt diese Gedenkmünze 1935 für ihre guten Schulleistungen. Die Münze wurde anlässlich des 85. Geburtstags von Tomáš Garrigue Masaryk, dem Mitbegründer und ersten Präsidenten der Tschechoslowakischen Republik, geprägt. Noch im selben Jahr trat Masaryk als Staatspräsident zurück. Sein Nachfolger im Amt wurde Edvard Beneš. Aufgrund der von ihm 1945 erlassenen Präsidialdekrete – der sogenannten Beneš-Dekrete – musste auch Emmi Plaschke mit 25 Jahren ihren Heimatort Spansdorf im Kreis Aussig verlassen.

Für Emmi Plaschke war die Masaryk-Medaille so bedeutsam, dass sie sie auch bei der Vertreibung mitnahm. Ihr Enkel Werner Harasym, dem sie die Münze vermacht hat, vermutet, dass diese Medaille ihr Selbstwertgefühl hob – sowohl in der alten als auch in der neuen Heimat. Nachdem sie am 15. Mai 1946 Spansdorf gemeinsam mit ihrer Schwester Anna Watzke und deren Töchtern zunächst in Richtung Aussig verlassen musste, kam sie über Budweis und Furth im Wald schließlich nach einem Monat in Taufkirchen bei München an. Der Empfang in Bayern war alles andere als herzlich – die Vertriebenen und Flüchtlinge wurden von den Einheimischen oft als Fremde und Eindringlinge wahrgenommen. Emmi Plaschke, verh. Berger, erinnerte sich später vor allem daran, dass sie als „Zigeunerin“ bezeichnet wurde. Die Masaryk-Medaille war ein Erinnerungsstück an bessere Zeiten.

In Taufkirchen lernte Emmi Plaschke ihren späteren Ehemann Heinrich Berger kennen. Der Banater Schwabe war aus englischer Kriegsgefangenschaft direkt nach Taufkirchen gekommen. Die beiden heirateten im November 1948.

TOMÁŠ G. MASARYK

FOTOAPPARAT ZEISS IKON SIMPLEX

LEIHGEBER: **WOLFGANG HARTMANN**

„Der Fotoapparat gehörte meinen Eltern Erika und Rudolf Hartmann und dürfte zwischen 1936 und 1940 in Breslau gekauft worden sein. Nachdem die Stadt gegen Ende des Zweiten Weltkriegs zur ‚Festung' erklärt worden war, musste meine Mutter mit meinem Bruder Günter und mir Anfang Februar 1945 die Stadt verlassen. Im schnell zusammengepackten Fluchtgepäck befanden sich neben den wichtigsten Papieren etwas Schmuck und auch der Fotoapparat mit einem Album und Familienbildern.

Nachdem wir knapp dem Bombenterror von Dresden entkommen waren, kamen wir im Viehwaggon über Hof, Regensburg und Deggendorf nach Osterhofen in Niederbayern. Die Familien wurden in den umliegenden Dörfern bei Bauern zwangseinquartiert, wir Hartmanns kamen zusammen mit unserer Nachbarfamilie Herzog aus Breslau nach Linzing. Auch der Fotoapparat und das Album hatten die Strapazen überstanden.

Nun kamen aber amerikanische Soldaten bis in die entlegensten Dörfer und Höfe und plünderten. Da sie es besonders auf Fotoapparate und Uhren abgesehen hatten, wurden diese Gegenstände in die Gummihose der kleinen Tochter der Familie Herzog gepackt und vergraben. Dort musste der Fotoapparat einige Wochen ‚ausharren', bis der Krieg vorbei war und sich die Lage etwas beruhigt hatte.

Wenige Jahre später gab es auch wieder Filme zu kaufen und so tat der Apparat noch lange seine Dienste und wir verdanken ihm viele Erinnerungsfotos an eine entbehrungsreiche Zeit."

Teilweise zitiert nach dem schriftlichen Bericht von Wolfgang Hartmann.

ZEISS IKON
Simplex

SCHMUCKRINGE AUS DEM FLUCHTGEPÄCK

LEIHGEBER: WOLFGANG HARTMANN

„Nachdem Breslau zur ‚Festung' erklärt worden war, mussten alle Zivilpersonen die Stadt verlassen. Da sich aber bereits viele Meldungen über Plünderungen an Flüchtlingen verbreitet hatten, nähte meine Mutter mehrere Schmuckstücke in den Saum und das Futter ihres Mantels und auch in die Kleidung meines Bruders und mir ein. Ich war also auf der Flucht auf Gold und Silber gebettet – allerdings ohne es zu ahnen.

In Niederbayern angekommen, mussten leider einige der wertvollen Schmuckstücke gegen Lebensmittel und Gebrauchsgegenstände eingetauscht werden. Für Geld gab es vor der Währungsreform so gut wie nichts. So tauschte mein Vater seine, von meiner Mutter gerettete silberne Taschenuhr bei einem Schreiner in Osterhofen in Niederbayern gegen einen Kleiderschrank ein.

Die Ringe haben die Flucht aus Breslau überstanden und sind bis heute als wertvolle Erinnerungsstücke erhalten geblieben."

KLEIDERBÜRSTE MIT GEHEIMFACH

LEIHGEBER: WOLFGANG HARTMANN

Die Kleiderbürste mit abnehmbarem Deckel wurde dem Leihgeber von Ute Einsporn aus Lage in Westfalen geschenkt und er verwahrt sie bis heute als zeitgeschichtliches Dokument und Erinnerungsstück.

Die Bürste mit dem Namenszug „Marie Hoffmann" stammt aus dem Fluchtgepäck der Eltern von Ute Einsporn. Die Familie lebte in Jauer in Schlesien. Der Sohn von Marie Hoffmann, der später in die Familie Einsporn einheiratete, stattete die Kleiderbürste mit einem Geheimfach aus. Darin versteckte sein künftiger Schwiegervater die wertvollsten Stücke des Familienschmucks. Nachdem die Wertgegenstände fest in Watte verpackt worden waren und sicher war, dass nichts klapperte, wurde der Bürstendeckel verklebt.

Als im Februar 1945 die deutsch-sowjetische Frontlinie immer näher rückte, schaffte Herr Einsporn mit seinem Pferdefuhrwerk Wertgegenstände und Grundbesitzpapiere in seine Ferienwohnung im Riesengebirge und später aus Furcht vor der Roten Armee zu Bekannten nach Niederlangenau bei Hohenelbe ins Sudetenland.

Nach Kriegsende zog die Familie Einsporn zurück in ihr Haus in Jauer. Vater Einsporn, der vor dem Krieg eine eigene Fleischerei hatte, arbeitete in seinem früheren Beruf bei der sowjetischen Ortskommandantur. Nachdem Schlesien unter polnische Verwaltung gestellt worden war, zogen die russischen Soldaten ab und die Deutschen wurden im Herbst 1946 von den Polen vertrieben. Nachdem man ihr Hab und Gut geplündert hatte, wurden sie zusammengepfercht in Viehwaggons nach Westdeutschland transportiert. Da die Plünderer kein Interesse an einer Kleiderbürste zeigten, gelangte sie mit ihrem wertvollen Inhalt unversehrt in den Westen.

HOLZQUIRL

LEIHGEBER: DR. HORST HERRMANN

Dieser unscheinbare Holzquirl ist ein Erbstück in der Familie von Dr. Horst Herrmann. Sein Großvater, Josef Herrmann, fertigte jedes Jahr aus der Weihnachtsbaumspitze einen Holzquirl – den letzten kurz vor seinem Tod 1942. Der Großvater lebte in Liboch an der Elbe.

Die Herrmanns mussten ihren Heimatort Karlsbad im Mai 1946 verlassen. Der Holzquirl landete in dem wenigen Gepäck, das die Vertriebenen mitnehmen durften. Die Familie Herrmann versuchte, mehr Gegenstände mitzunehmen und brachte diese bei anderen Vertriebenen unter. So gab es im Ort eine deutsche Familie, die als Kommunisten die Tschechoslowakei mit einem der sogenannten Antifaschisten-Züge verlassen konnte und so die Möglichkeit hatte, mehr Gepäck mitzunehmen. Diese Familie nahm einige Gegenstände der Herrmanns in Verwahrung, behauptete dann aber später, sie hätten sie zurücklassen müssen. Horst Herrmanns Mutter erkannte jedoch einige ihrer Kleidungsstücke wieder und ging mit der Polizei zur Wohnung dieser Familie. Das eingestickte Monogramm verriet den wahren Eigentümer und die Hermanns erhielten ihr weniges Hab und Gut zurück.

PULLOVER

LEIHGEBER: PROF. DR. EDUARD HLAWITSCHKA

Prof. Dr. Eduard Hlawitschka berichtet über die Bedeutung des schwarzen Pullovers: „Am 13. Mai 1945 kam ich spätabends, vom tagelangen Laufen erschöpft, in meinem Heimatdorf Dubkowitz an. Ich war 16 ½ Jahre alt und aus der sowjetischen Kriegsgefangenschaft geflüchtet, in die ich als Angehöriger der Leichten Flakabteilung 99 in der Nähe von Kladno gefallen war. Ich sah mein Elternhaus still, dunkel und verlassen vor mir. Bereits im Nachbarort Kottomirsch hatte man mich vor chaotischen Verhältnissen rund um mein Elternhaus gewarnt. Meine Eltern und mein Bruder waren vor randalierend und plündernd durch den Ort ziehenden, in ihre Heimat zurückziehenden (meist polnischen) „Fremdarbeitern" auf den nahen Kubatschka-Berg geflohen und hatten sich dort versteckt. Reges Leben herrschte hingegen bei meiner Ankunft noch im und vor dem zum Bauernhof gehörenden Ausgedingehaus, in dem meine Eltern im März oder April 1945 Flüchtlinge aus Niederschlesien aufgenommen hatten. Am Morgen – ich hatte in der Scheune übernachtet – wurde ich mit Entsetzen gewahr, dass nicht nur die Flüchtlingsfamilie weitergetreckt war, sondern dass das Wohnhaus und der Hof völlig ausgeplündert waren. Die Schränke in den Zimmern waren leer, nur die in den letzten Tagen getragene und verschmutzte Arbeitskleidung der Eltern und der Dienstboten lag in einer Kammerecke. Auch ein großes schwarzes Wolltuch lag dabei, das wahrscheinlich meine Großmutter gestrickt und bei irgendwelchen Gelegenheiten um Kopf und Schultern getragen hatte, nun aber keinem Plünderer von Nutzen schien.

Erst als ich im Winter 1945/46 nicht mehr auf dem von den Tschechen enteigneten elterlichen Hof als Knecht zu arbeiten, sondern als Steinbrucharbeiter im Basaltbruch an der Kubatschka zu schuften hatte und – ohne wärmenden Mantel, ohne wetterfeste Jacke und ohne dicken Pullover – beim Steinebrechen im Felsen und beim Verladen der gebrochenen Steinbrocken bitterlich fror, kam mir die Erleuchtung: Das schwarze Tuch aus Großmutters Hinterlassenschaft könnte zu einem Pullover umgearbeitet werden. Das Aufräufeln des gestrickten Tuches war in Windeseile getan. Dann brachte mir meine Mutter das Rechts-Links-Stricken bei; und eine Schulkameradin aus Kottomirscher Volksschulzeiten, die mehrmals in unserer Scheune vor ‚mädchensuchenden Russen und Partisanen' Zuflucht gefunden hatte, zeigte mir schließlich, wie man mit irgendwo aufgetriebenen weißen Wollresten ein ‚Norweger-Sternmuster' im Vorderteil des so entstehenden Pullovers unterbringt. – So hat mir dann dieser Pullover im Winter bis weit in das Frühjahr 1946 hinein die

besten Dienste getan, das heißt, mich vor Erkältungen und bleibenden Frostschäden bewahrt.

Bei der Ausweisung aus meiner nordböhmischen Heimat im Spätsommer 1946 war dieser Pullover beim erlaubten Handgepäck (50 Kilogramm). Und auch in Rostock, wohin wir bei der Ausweisung gelangten, trug ich diesen Pullover während der Beendigung meiner Oberschulzeit. Ja, während des nachfolgenden Studiums hatte ich ihn in Leipzig bei mir, als mich dort die Stasi verhaften wollte, weil ich mich unvorsichtig über Stalin geäußert hatte und dadurch als Antisowjethetzer galt. Und als ich nach meiner notwendig gewordenen Flucht in Westberlin auf das Ausfliegen nach Westdeutschland wartend als Notstandsarbeiter im Wasserwerk Siemensstadt tätig war, um mein Leben zu finanzieren, da wärmte mich wieder mein schwarzer Pullover. Erst nachdem ich im Westen den Weg in die Wissenschaft eingeschlagen, eine Assistentenstelle erhalten und geheiratet hatte, wanderte das gute Stück – zur dauernden Erinnerung an schwere Zeiten – in die hinterste Ecke des Kleiderschranks."

HOLZPFERDCHEN

LEIHGEBER: JOSEF JAKLIN

Die Familie Jaklin besaß in Auherzen, einem Dorf im Landkreis Mies im Sudetenland, einen Bauernhof. Bei Kriegsende mussten sie vom Haupthaus ihres Hofes in das wesentlich kleinere Austragshaus ziehen. In dem großen Hofgebäude wurde eine tschechische Familie einquartiert, der dann auch das tote und lebende Inventar des Hofes gehörte. Da diese Familie mit der Bauernarbeit offensichtlich nicht vertraut war, mussten die früheren Besitzer hungrig mit ansehen, wie Schweinehälften bei dem Versuch, sie im Kamin zu räuchern, zur Ungenießbarkeit verkohlten. Josef Jaklins Schwester, die zwei Jahre ältere Margarete, erinnert sich heute noch an diese Begebenheit, die für alle Familienmitglieder ein schreckliches Erlebnis war.

1946 wurden Jaklins endgültig von ihrem Hof vertrieben. Der zweijährige Josef besaß zwei Holzpferdchen zum Nachziehen, ein braunes und ein weißes. Er durfte wegen Platzmangel im Gepäck nur eins mitnehmen und nahm den kleinen Holzschimmel.

Die Familie wurde nach Dasing im Landkreis Friedberg in Bayern ausgesiedelt. Josef Jaklin lebt heute auf seinem Bauernhof bei Scheyern.

BÄRENTATZENFORMEN

LEIHGEBERIN: MARGARETE JAKLIN

Margarete Jaklin, die zwei Jahre ältere Schwester von Josef Jaklin [vgl. S. 78], bewahrt als Andenken an ihre böhmische Heimat Gebäckformen auf, mit denen sie heute noch die traditionellen Bärentatzen (auch Bärenpratzen genannt) herstellt.

Im Sudetendeutschen Kochbuch der Hedwig Tropschuh, das 1927 in erster Auflage erschienen ist, findet sich ein Rezept, das in der Familie Jaklin von den verschiedenen Bäckerinnen abgewandelt wurde. Hier die Wiedergabe des Rezeptblattes der Familie:

	Tropschu[h, Hedwig]	***Traudl und Helen***	***Mamma***
MEHL	*100g*	*150g*	
GEMAHLENE HASELNÜSSE	*100g*	*150g*	
EI	*1*	*1*	
EIGELB	*1*		
ZUCKER	*120g*	*180g*	
BUTTER	*140g*	*200g*	
BLOCK-SCHOKOLADE	*2 Rippen (100g)*	*3 Rippen (150g)*	
NELKEN	*1 Msp.*		
ZIMT	*1 Msp.*		
BACKPULVER	*3 g*		
KAFFEE FEIN GEMAHLEN			*1 kl. Teelöffel*
			etwas Lebkuchen gewürz

Teig in Form mit Kokosfett drücken, 175 Grad, ca. 20 Minuten
Aus den Formen klopfen, mit Puderzucker bestreuen

SERVICE

LEIHGEBERIN: **SILKE KAMM**

„Das Service muss für meine Großmutter väterlicherseits einen besonderen Wert gehabt haben. Sie flüchtete 1945 mit zwei Kindern im Baby- und Kleinkindalter und ihrer Mutter mit dem Flüchtlingstreck aus Karlsbad. Das besondere bei der Flucht war das Gepäck. Sie konnten nur einen Kinderwagen und einen Koffer mitnehmen. Im Kinderwagen befanden sich die zwei Kleinen und unter ihnen versteckt das Service. Mein Großvater befand sich zu dieser Zeit in Gefangenschaft. Er fand die Familie später wieder. Für meine Großmutter war die erste Station im Westen Bad Kissingen."

SCHACHBRETT

LEIHGEBER: PETER KREITMEIR

Peter Kreitmeir erfuhr erst sehr spät von der Lebensgeschichte seines Großvaters Hans Winterberg und kennengelernt hat er ihn nie, obwohl sie viele Jahre nur wenige Kilometer voneinander entfernt lebten. Mit über 50 Jahren machte er sich auf die Suche nach seinen Wurzeln – nach der Scheidung seiner Eltern war er bei seinem Vater aufgewachsen. Seine leibliche Mutter Ruth Winterberg traf er bei diesen Recherchen erstmals wieder und begann sich intensiv mit seinem Großvater auseinanderzusetzen.

Hans Winterberg wurde 1901 in Prag geboren. Er studierte an der Deutschen Akademie für Musik und darstellende Kunst zu Prag Musik und arbeitete unter anderem als Korrepetitor in Brünn. Er stammte aus einer jüdischen Familie, für ihn war aber auch seine sudetendeutsche Identität wichtig.

Mit der Errichtung des „Protektorats Böhmen und Mähren" im März 1939 begann in der Region die Verfolgung der Juden durch die Nationalsozialisten. Zu diesem Zweck errichtete die SS 1941 in Theresienstadt neben dem dort bereits befindlichen Gestapogefängnis ein Ghetto als Sammellager für die Juden aus Böhmen und Mähren. Theresienstadt wurde als „Vorzeigeghetto" missbraucht und unter anderem Delegationen des Roten Kreuzes vorgeführt. Um die Überfüllung des Lagers zu kaschieren, wurden vor den Besuchen der Delegationen besonders viele Menschen in die Vernichtungslager im Osten transportiert.

Olga Winterberg, die Mutter von Hans Winterberg, wurde bereits am 30. Juli 1942 nach Theresienstadt deportiert. Wenige Tage später wurde sie in das Vernichtungslager Maly Trostinec transportiert und dort ermordet. Ihr Sohn blieb noch verschont, da er mit einer Katholikin verheiratet war und mit ihr ein Kind hatte – Ruth Winterberg. Doch nachdem diese Ehe Ende 1944 geschieden wurde, war auch er nicht mehr geschützt. Noch am 25. Januar 1945 wurde Hans Winterberg ins Ghetto Theresienstadt verschleppt.

Nachdem die SS bereits geflohen war, wurde Theresienstadt Anfang Mai 1945 von der Roten Armee befreit. Nach der Befreiung errichteten ehemalige Häftlinge in der Kleinen Festung, dem vorherigen Gestapogefängnis, ein Internierungslager für deutsche Wärter des Gefängnisses und des Ghettos. Später wurde es zu einem Internierungslager für Deutsche, die vertrieben werden sollten. Da Hans Winterberg sich nach der Befreiung als Sudetendeutscher bekannte, blieb er weiterhin inhaftiert. Während seiner Zeit in Theresienstadt komponierte er mehrere Stücke. Sein Enkel Peter Kreitmeir erhielt 2014 von einer Stieftochter Hans Winterbergs diese Notenblätter sowie das hier abgebildete Schachspiel. Es muss für Hans Winterberg eine besondere Bedeutung gehabt haben, denn er hatte es nicht nur in Theresienstadt benutzt, sondern auch aus dem Lager mitgenommen und bis zu seinem Tod aufbewahrt. Nach seiner Ausweisung aus der Tschechoslowakei 1947 lebte Hans Winterberg bis zu seinem Tod 1991 in Bayern, arbeitete unter anderem für den Bayerischen Rundfunk und war weiterhin als Komponist tätig.

Quellen: Bericht von Peter Kreitmeir und Sudetendeutsches Musikarchiv (Hg.): Lexikon zur Deutschen Musikkultur. Böhmen – Mähren – Sudetenschlesien, München 2000.

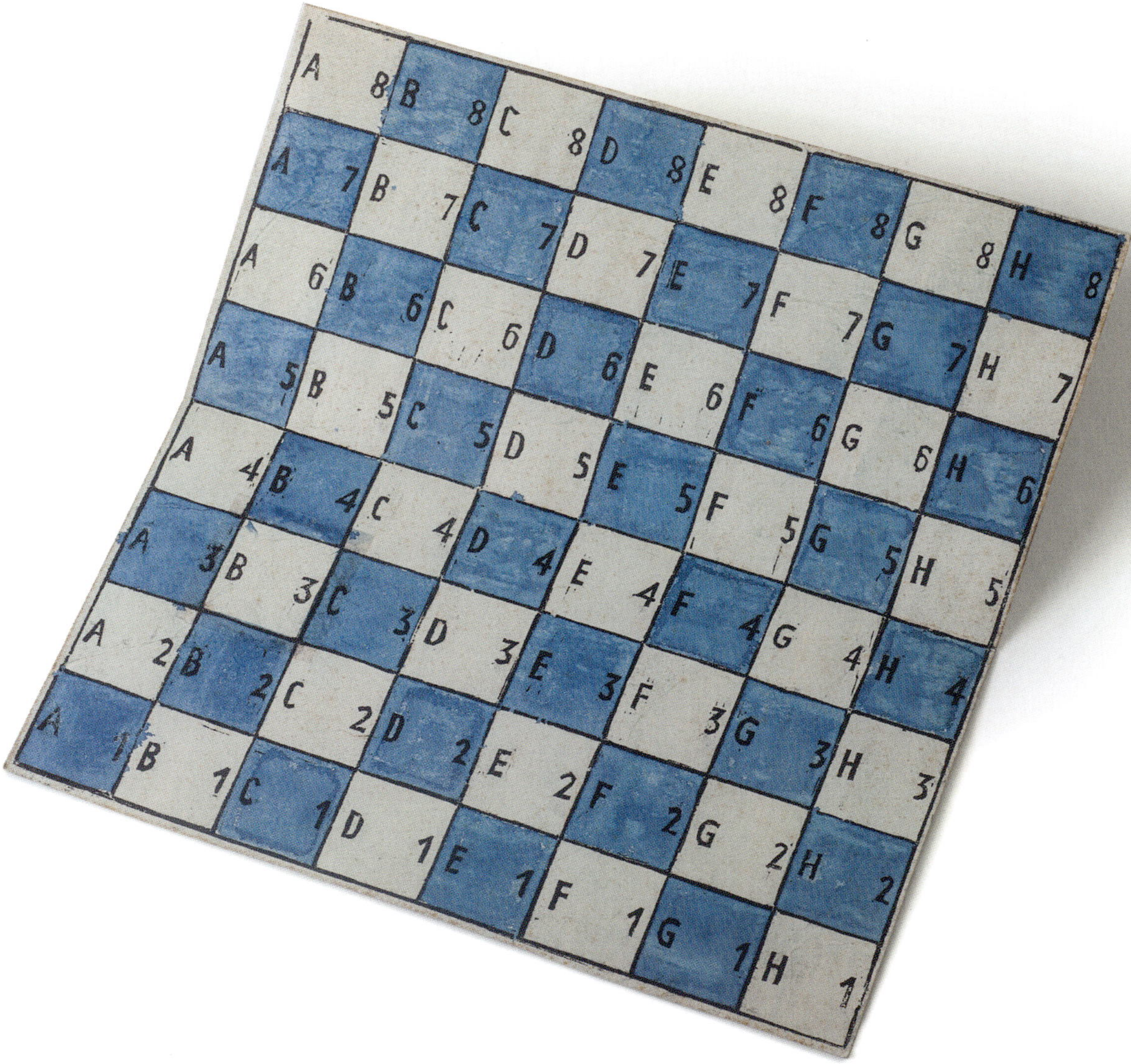

FUSSORGEL

LEIHGEBERIN: ANNA KRÖSS-HÄUSLER, GEB. HARTINGER

Die fußbetriebene Orgel wurde von der Familie Franz und Maria Reitmajer im Jahr 1937 in Gura Humora, in der südlichen Bukowina (Buchenland) in Rumänien gekauft. Franz und Maria Reitmajer waren die Großeltern mütterlicherseits der Leihgeberin und wohnten zu der Zeit in Buchenhain in Rumänien.

Mit der Umsiedlung der Buchenlanddeutschen im Dezember 1940 wurde das Instrument, das der musikalischen Familie viel bedeutete, in die Steiermark in Österreich mitgenommen. Von dort wurden die Umsiedler im Oktober 1941 nach Ratibor in Oberschlesien ins Lager Herz-Jesu-Stift, einem ehemaligen Kloster, gebracht. Am 16. Januar 1945 kam der Befehl, Oberschlesien wieder zu verlassen. Es ging zurück in die Steiermark in den kleinen Ort Dörflach. Von dort wurden sie von einem russischen Kommandanten nach Rumänien zurückgeschickt.

Die Orgel blieb bis 1961 bei Bekannten in der Steiermark. In diesem Jahr konnte die Familie aus der Bukowina ausreisen. Die Orgel wurde geholt und landete nach ihrer langen Irrfahrt in Bayern.

Emailtasse und Wecker

Leihgeberin: Brigitte Lachmann

Frau Lachmann erzählt: „Die Tasse bekam ich 1933 von meiner Großmutter Agnes Lachmann geschenkt, die damals in Bunzlau in der Richterstraße 3 wohnte. Jedes Enkelkind bekam von ihr zur Geburt oder zur Taufe eine solche Namenstasse. Gekauft hat sie das ‚Tippel', so der Sprachgebrauch in unserer Familie, bei Spielwaren-Krause in der Bunzlauer Nikolaistraße 4.

Unsere Mutter packte die Tasse, die nicht zerbrechen konnte, in unser Fluchtgepäck. Wir verließen unser Heimatdorf Birkfähre auf der rechten Uferseite der Lausitzer Neiße am 20. Februar 1945 per Treck und landeten in Waldheim in Sachsen. Am 30. Mai 1945 ging es zurück und wir fanden in Skerbersdorf am linken Ufer der Neiße eine Bleibe. Es war nicht mehr erlaubt, über die Brücke in Bad Muskau auf die andere Seite zu gehen. Deutsche Wehrmachtsangehörige hatten den Ort Birkfähre, in dem Wenden und Sorben lebten, in den Abendstunden des 20. Februar angezündet. In der Emailtasse hat meine Mutter auf der Flucht über offenem Feuer Rührei zubereitet, das Ei bekamen wir geschenkt.

Der Wecker stammte aus einem Geschäft in Bad Muskau. Meine Mutter war der Ansicht, dass man auf der Flucht eine Uhr brauche, deshalb kam auch der Wecker in das Fluchtgepäck.

Mein Vater war im Krieg und geriet in amerikanische Gefangenschaft. Das war eigentlich sein Glück. 1948 durfte er mit einem Interzonenzug nach Sachsen reisen, um seine Familie zu besuchen. Da ich noch nicht 16 Jahre alt war, durfte ich mit ihm ausreisen. Da ein Ausreiseantrag für den Rest der Familie nicht genehmigt wurde, gingen sie 1949 schwarz über die Grenze. Tasse und Wecker waren also ein zweites Mal in einem Fluchtgepäck.

Unsere erste Bleibe im Westen fanden wir auf einem Bauernhof in Niederbayern."

Brigitte
Junghans
Bravettino
Muskau O/L

MODELLE FÜR DREHVENTILMASCHINEN

LEIHGEBER: J. MEINLSCHMIDT GMBH

Der Ort Graslitz im Egerland wurde im 19. Jahrhundert zu einem Zentrum des Musikinstrumentenbaus, besonders von Blechblas- und Holzblasinstrumenten. 1866 gründete Andreas Meinlschmidt dort einen Fachbetrieb für „Zylinder Maschinenbau für Blechblasinstrumente“. Die Firma befindet sich noch heute – 150 Jahre später – teilweise im Besitz der Familie Meinlschmidt, allerdings nicht mehr in Graslitz sondern in Geretsried.

1924 übernahm Josef Meinlschmidt in der dritten Generation die Firma. 1945 wurde die Firma enteignet, Josef Meinlschmidt musste jedoch als Meister in der Firma bleiben, um tschechische Arbeiter anzulernen. Er trug weiterhin die Verantwortung in der Firma, war allerdings nicht mehr der Besitzer. Aus diesem Grund plante er seine Flucht und fertigte gemeinsam mit einem Mitarbeiter Modelle der in der Firma hergestellten Maschinen an – zwei dieser Modelle sind hier zu sehen. Die Modelle wurden alle handgefertigt, da es für diese Größe keine passenden Werkzeuge gab. Nach der Flucht 1948 bildeten die Modelle die Grundlage für die Neugründung der Firma im Westen.

Das Ziel war zunächst Mainz-Marienborn, denn dort hatte die Firma der Gebrüder Alexander – ein Hersteller von Metallblasinstrumenten – ihren Sitz, mit der die Firma Meinlschmidt schon mehrere Jahre zusammenarbeitete. Die Arbeit begann zunächst in einem ehemaligen Tanzsaal. Die Produktion wurde schnell erweitert und der Tanzsaal genügte nicht mehr als Werkstatt. Daraufhin zog die Familie Meinlschmidt gemeinsam mit elf weiteren Familien von Arbeitern der Firma auf Einladung des ersten Bürgermeisters Karl Lederer in die Vertriebenengemeinde Geretsried. Geretsried ist eine von fünf bayerischen Vertriebenengemeinden, die erst nach dem Zweiten Weltkrieg durch den Zuzug von Flüchtlingen und Vertriebenen entstanden. Im Zweiten Weltkrieg war die Stadt ein Areal von Munitionsfabriken, in denen sehr viele Zwangsarbeiter arbeiteten. Diese waren in Lagern in der Nähe der Fabriken untergebracht, die dann später auch als Wohnstätten für die Vertriebenen dienten. Die Firma Meinlschmidt eröffnete wie viele andere Firmen auch ihre neue Produktionsstätte in einem ehemaligen Bunker mit der Nr. 384.

Nach mehreren Umbauten und Vergrößerungen arbeitet die Firma Meinlschmidt auch heute noch dort. Die Modelle, die Josef Meinlschmidt aus Graslitz mitgenommen hat, werden weiterhin als Erinnerung an die Geschichte der Firma aufgehoben. 1980 übernahm Herbert Meinlschmidt die Leitung der Firma von seinem Vater in der vierten Generation, 1999 gründete sein Sohn Jörg die J. Meinlschmidt GmbH.

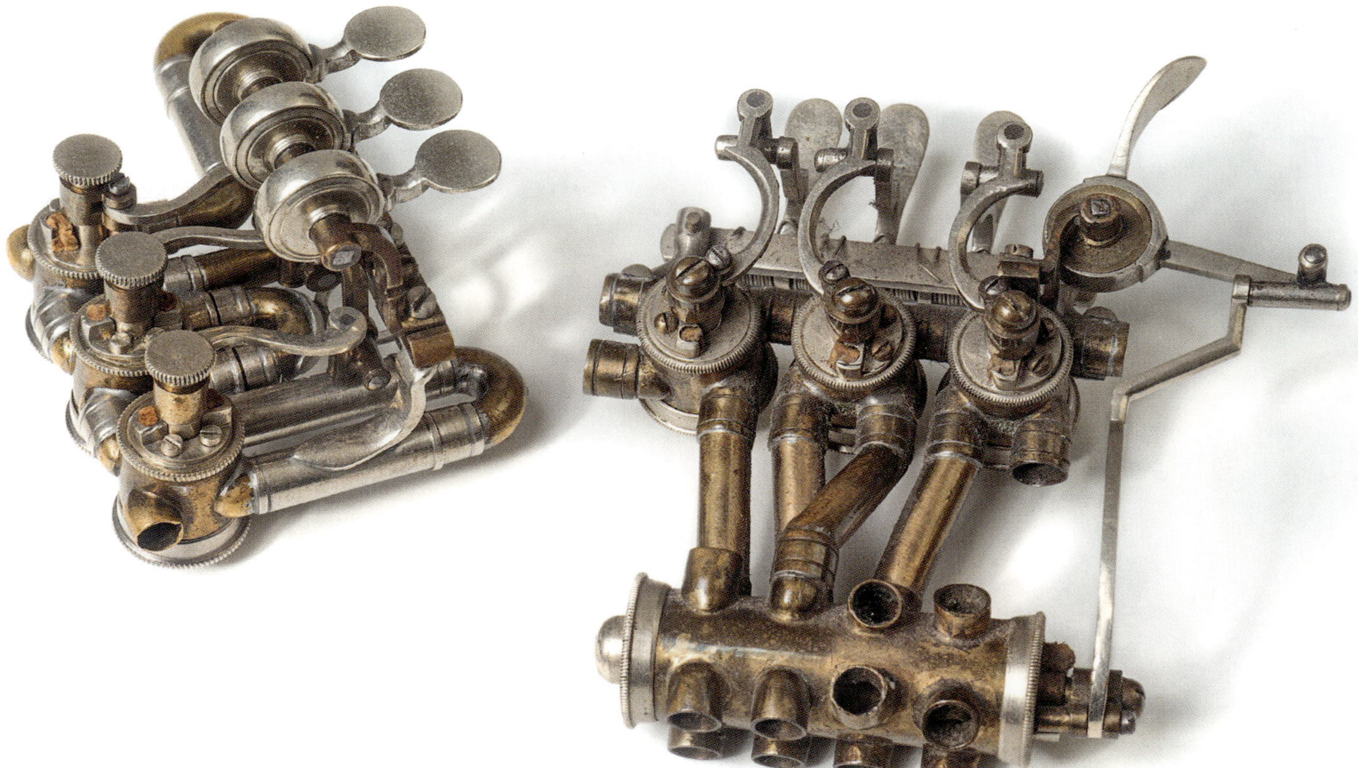

GEBETBUCH „WEG ZUM HIMMEL“

LEIHGEBERIN: GERTRUD MÜLLER

Dieses Gebetbuch gehörte der Mutter der Leihgeberin – Julie Jonas, geb. Swoboda. Die Familie musste im Januar 1945 ihre Heimat Gleiwitz verlassen. Ihr Fluchtweg führte sie unter anderem durch Dresden, wo sie die Luftangriffe auf die Stadt miterlebten, und mit dem Zug weiter über Straubing in den Bayerischen Wald. Gertrud Müller berichtet über die Bedeutung dieses Erinnerungsstücks: „Das Gebetbuch ‚Weg zum Himmel‘ hat unseren Fluchtweg vom 19. Januar 1945 bis zum Tode meiner Mutter 1988 begleitet. Dieses Gebetbuch war unser einziges Buch, das wir von zu Hause mitnehmen konnten. Meine Mutter und wir vier Kinder (8, 9, 6 und 3 Jahre) mussten, um unser Leben zu retten, unsere Heimat auf Veranlassung innerhalb von ein paar Stunden verlassen.

Aus diesem Gebetbuch hat uns die Mutter vorgelesen, vorgebetet und uns das heimatliche kirchliche Liedgut beigebracht. So konnte ich, die Älteste, nach der Gründung der Landsmannschaft der Oberschlesier vor 65 Jahren, die kirchlichen Veranstaltungen mit begleiten und später gestalten.

Meine Mutter war eine fromme, bekennende Christin. Für sie war das Gebetbuch, besonders nach dem Verlust der Heimat und auf dem schweren Fluchtweg, wie ein Heiligtum.

Für sie war es – und auch für mich ist es das – ein besonderes Stück aus unserer Heimat und ein Dokument, das die schlimmen Jahre überlebt hat. Ein Stück Zeitzeuge.“

Katholisches
Gebet-, Gesang- und Meßbuch
Weg zum Himmel
von
Ludwig Skowronek
Päpstl. Hausprälat
Mit kirchlicher
Druckerlaubnis
Standard-Ausgabe
Druck und Verlag:
Katholische Verlagsanstalt Reinhard Meyer, Ratibor

TEDDYBÄR

LEIHGEBERIN: FRIEDERIKE NIESNER

„Es wundert mich, dass ich meinen Teddybär bis heute noch besitze, so oft ist er umgezogen“, schreibt Friederike Niesner in ihrem Erinnerungstext.

„Neu war er 1935 und gehörte meiner Schwester. Einmal war sie alleine zu Hause, saß in der Küche am Schammerl [i.e. Schemel, Hocker] und spielte Friseur. Mit der Geflügelschere schnitt sie dem Bären sämtliche Haare am Kopf ab. So kahl wie er war, ging der ‚Bärli‘ einige Jahre später in meinen Besitz über.

Im April 1945 führte wohl ein guter Engel unsere und andere Familien per Lastwagen – es waren Holzvergaser – heraus aus Brünn Richtung Süden. Meinen Tedy (mit langem ‚e‘ gesprochen) hatte ich in einem Rucksack und nur sein Kopf schaute heraus. Es ging über Iglau, Strobnitz und Langstrobnitz, wo wir eine Zeit lang blieben. Am 8. Mai marschierten Russen ins Dorf und wir hatten große Angst.

Einige Tage danach kamen Tschechen und da wir nicht aus dem Ort stammten, sollten wir an diesem Tag bis Mitternacht das Land verlassen. Meine Mutter, recht resolut, sagte, das gehe nicht, wir haben kleine Kinder – also bis morgen früh. So fuhr uns der Bauer, bei dem wir einquartiert waren, mit unserem Hab und Gut mit dem Leiterwagen zur österreichischen Grenze. Der Bär war immer dabei.

Dort waren schon viele Menschen versammelt, wir saßen auf dem Boden, Russen marschierten immer wieder um uns herum und wir warteten auf den Zug. Meine Tante kam ins Gespräch mit einem Wiener Zahnarzt und der stellte uns seine Praxis nördlich der Donau zum Übernachten zur Verfügung.

Am nächsten Tag ging es über eine provisorische Brücke über die große Donau Richtung Innenstadt. Ich heulte, weil ich Angst hatte vor dem tiefen Wasser. ‚Schau auf den Papa vor dir und nicht ins Wasser‘, ermahnte mich meine Mutter.

Gott sei Dank trafen wir unsere Verwandten in ihren unzerstörten Wohnungen an und wir konnten vorübergehend dort wohnen. So blieb uns das Lager erspart. In Wien zogen wir dann mehrere Male um, auch einmal bei Nacht und Nebel vom russischen Bezirk in den amerikanischen aus Angst vor der Abschiebung durch die Russen in die Ostgebiete.

Nach fünf Jahren in Wien übersiedelten meine Eltern und ich und der Teddybär nach Bayern. Mindestens sechsmal wechselte ich den Wohnort – in der Zeit, die ich im Ausland verbrachte, war der Bär gut aufgehoben bei meinen Eltern. Und jetzt sitzt er auf der Couch, rund 80 Jahre alt und schaut einen abgeschabt und etwas löchrig, aber immer noch treuherzig an.“

KÄTHE-KRUSE-PUPPE

LEIHGEBERIN: ANNE NOWACK

Anne Nowacks Familie stammt aus Breslau. Ihre Mutter, Ursula-Ruth Nowack, arbeitete in der Zeit von 1932 bis 1937 für die Frauenzeitschrift „Heim und Kleid". Zu ihren Aufgaben gehörte unter anderem die Gestaltung der Kinderseite und zu diesem Zweck erhielt sie von Käthe Kruse – auch eine gebürtige Breslauerin – die hier gezeigte Puppe „Trulli". Für diese Puppe fertigte Ursula-Ruth Nowack alias „Tante Ursula" nun regelmäßig Puppenkleidung und veröffentlichte kindgerechte Anleitungen dazu: „Trulli darf mit ihrem Mütterlein in die Sommerfrische. Da sie zum Bergsteigen noch etwas zu klein ist, soll sie sich dafür recht am Wasser tummeln. Vielleicht darf sie gar schwimmen lernen. Nun hat Puppenmütterchen schnell aus einem alten Pullover einen Badeanzug und aus einem Restchen Badefrotté ein Badecape gemacht."

Nachdem Ursula-Ruth Nowack ab 1937 nicht mehr für die Zeitschrift arbeitete, durfte ihre Tochter Anne die Puppe als Spielzeug behalten. Als die Familie im Januar 1945 aus Breslau flüchtete, kam „Trulli" im Ranzen der Schulanfängerin Anne mit auf die Flucht. Neben der Puppe sind noch das Sommerkleid, ein Hemdchen, ein Mützchen und das Badecape erhalten geblieben.

BLUSENÄRMEL MIT VERSTECK

LEIHGEBERIN: ROSINA REIM

Die Wischauer Sprachinsel lag zwischen Brünn und Olmütz in Mähren im heutigen Tschechien und bestand aus acht Dörfern.

Bei der Restaurierung alter Trachtenteile im Jahr 2008 stieß die Trachtenreferentin Resi Hross auf eine Bluse, die durch Schimmel und Stockflecken unansehnlich geworden war. Die Stickerei auf dem sogenannten Miadal war jedoch noch gut erhalten. Nach der Wäsche wurde die Bluse aufgetrennt und aus einem bestickten Ärmelbündchen fiel ein zusammengefalteter 500-Kronen-Schein heraus, wie er vom 1. November 1945 bis 31. Mai 1953 in der Tschechoslowakei gültig war. Auf der Vorderseite des Scheins ist der Lyriker und evangelische Priester Ján Kollár abgebildet. Obwohl gebürtiger Slowake, schrieb Kollár fast ausschließlich auf Tschechisch. Die Rückseite des Geldscheins zeigt den Tschirmer See mit der Hohen Tatra.

Wer die Besitzerin der Bluse war, ist nicht bekannt und warum sie das Geld in ihrer Bluse versteckt hatte, kann nur vermutet werden. Die deutschsprachigen Bewohner der Sprachinsel wurden im Lauf des Jahres 1946 vertrieben.

SITTENLEHRE IN BEISPIELEN
FÜR DIE ERSTE JAHRESHÄLFTE, PRAG 1803
LEIHGEBERIN: ROSINA REIM

„Meine Oma Maria Legner, geb. Reichmann, geboren am 13. Februar 1886 in Swonowitz, Hausnr. 26, einem der acht Dörfer der deutschen Sprachinsel bei Wischau in Mähren, hatte dieses Buch im Vertreibungsgepäck. Maria war eine praktizierende, gläubige Christin, wie das ganz selbstverständlich in der Dorfgemeinschaft gelebt wurde.

Maria Legner erhielt dieses Buch von ihrer Mutter Anna Reichmann als Hochzeitsgeschenk. Sie sollte mit ihrem Mann Andreas, der 1875 in Rosternitz, Hausnr. 32 geboren wurde, nach diesen Lehren leben.

Das Buch war immer im Familienbesitz und schien meiner Oma sehr wichtig zu sein, denn sie hat es im Vertreibungsgepäck mitgenommen.

Erst nach dem Tod meiner Oma habe ich das Buch das erste Mal in Händen gehalten. Ich bewahre es als Andenken an eine liebevolle ‚Ahdl' und als Erbstück aus der Wischauer Sprachinsel auf."

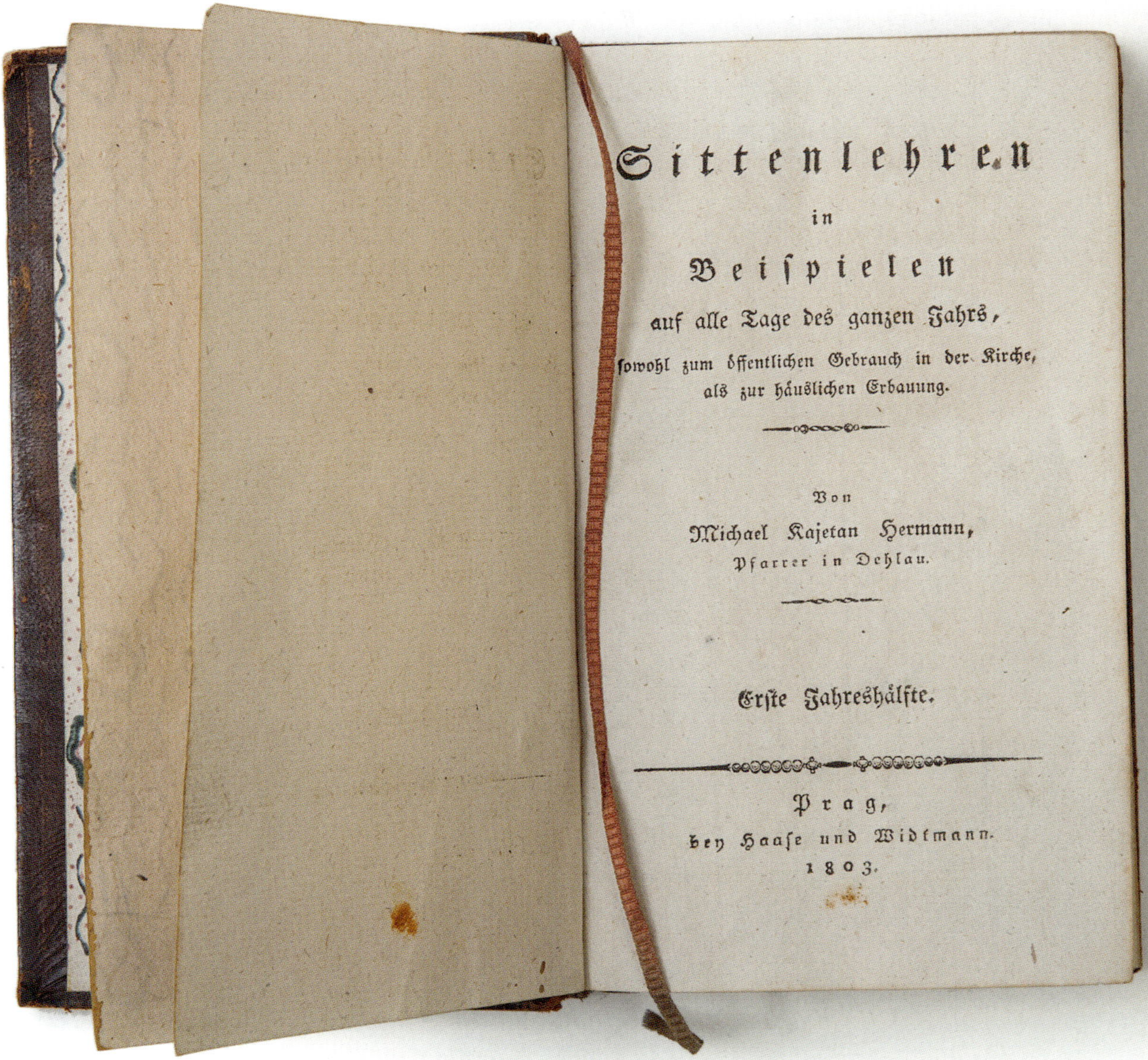

Sittenlehren
in
Beispielen
auf alle Tage des ganzen Jahrs,
sowohl zum öffentlichen Gebrauch in der Kirche,
als zur häuslichen Erbauung.

Von
Michael Kajetan Hermann,
Pfarrer in Oehlau.

Erste Jahreshälfte.

Prag,
bey Haase und Widtmann.
1803.

POSTKARTEN AUS DEM ARBEITSLAGER

LEIHGEBERIN: ANDREA RICHTER

Die 1913 geborene Münchnerin Elisabeth Hühnlein heiratete im Sommer 1939 den Kronstädter Siebenbürger Sachsen Harald Richter und nahm dabei auch die rumänische Staatsbürgerschaft an. In ihrer Hochzeitsnacht begann der Zweite Weltkrieg mit dem Angriff des Deutschen Reiches auf Polen. Im Frühsommer 1941 zog das junge Paar dann in das bis dahin noch vom Krieg verschonte Kronstadt. Harald Richter wurde dort bald danach der Ankunft zur rumänischen Armee eingezogen.

Als Rumänien, das bis dahin aufseiten des Deutschen Reiches gekämpft hatte, im August 1944 die Fronten wechselte, begann für die Siebenbürger Sachsen, die seit Jahrhunderten dort lebten, eine besonders schwere Zeit. Im Januar 1945 wurden alle nicht eingezogenen jungen Männer und Frauen zur Zwangsarbeit in die Sowjetunion verschleppt.

Auch die junge Mutter Elisabeth Richter gehörte dazu. In ihren Erinnerungen von 1950 schreibt sie darüber: „Die Nacht vom 10. – 11. Januar 1945 gehört wohl zu den schwärzesten der Geschichte der Auslandsdeutschen von Rumänien. Fassungslos stehen wir Frauen in jener Nacht vor unseren schlafenden Kindern in ihren Bettchen. Steif, um innere und äußere Haltung kämpfend, sitzen die Jungen ihren Eltern gegenüber und groß steht überall die Frage im Raum: Welcher Platz wird morgen leer sein? Wen wird man wegführen und wohin? Man spricht von Arbeitslagern innerhalb des Landes für 6 Monate oder ein Jahr. Die Altersgrenzen sind für Buben und Männer von 17 – 45 Jahren angegeben, für Mädchen und Frauen von 17 – 30. Würde man sich an diese Zahlen halten, würden die Mütter von ihren Kindern gerissen, die Männer von ihren Frauen, die Buben und Mädchen aus dem Elternhaus? Es würde den Einbruch in die Familie bedeuten, die Zerstörung des Ringes, der fest und sicher uns alle umschlossen hält."

Obwohl Elisabeth Richter die Altersgrenze bereits überschritten hatte, wurde sie mit vielen anderen in einem Viehwaggon zur Zwangsarbeit in ein Kohlebergwerk im östlichen Donezbecken transportiert. Auch ihr Mann war seit Ende 1944 zur Zwangsarbeit in der Ukraine. Die beiden wussten jahrelang nichts voneinander.

„In der ‚Lava' ist für uns Frauen die schwerste Arbeit. 8 Stunden oder auch mehr können wir nicht gerade stehen, wir arbeiten im Knien oder Liegen. Unsere Knie sind aufgerissen vom ständigen Rutschen, unsere Rückenwirbel

Anlage zum Antrag auf Zuzugsgenehmigung
für Elisabeth Richter, geb. 19.8.13.
СОЮЗ ОБЩЕСТВ КРАСНОГО КРЕСТА и КРАСНОГО ПОЛУМЕСЯЦА
СССР
Почтовая карточка военнопленного
Carte postale du prisonnier de guerre
Кому (Destinataire) HARALD RICHTER
Куда (Adresse) GERMANIA - BAYREUTH - OB. FRANKEN
MAXSTR. 39
Отправитель (Expéditeur)
ELISABETH RICHTER
Lager 7256 / 1241
U.R.S.S.

wund, bis wir uns an die niedrige Decke gewöhnt haben. Die Kohle schneidet wie Glas, unsere Handflächen sind voll tiefer Schnittwunden, denn Handschuhe sind nur für die Russen da, nicht für uns arme Gefangene. Unsere Kleider hängen bald in Fetzen von uns, Arbeitsanzüge gibt es erst nach langen Monaten. Und dann diese ewige Nässe! Von oben regnet es, als ob man eine Brause aufdrehen würde."

Dreieinhalb Jahre musste sie im Bergwerk arbeiten. Erst in den letzten fünf Monaten wurde es gestattet, einige wenige Feldpostkarten über das Rote Kreuz zu schicken: nach Deutschland an ihre Mutter, ihre Schwester und später auch eine einzige an ihren Mann. Sie selbst erhielt nie Post – außer von ihrer Schwiegermutter in Kronstadt – und wusste so die ganzen Jahre nichts von ihrer Familie. Diese fünf Postkarten sind erhalten geblieben und erinnern an die schwere Zeit. 1948 wurde Elisabeth Richter ins kommunistische Rumänien, nach Kronstadt, entlassen. Erst zwei Jahre später, 1950, konnte sie dann mit ihrem kranken Kind nach Deutschland zu ihrem Mann und ihrer Familie ausreisen.

2009 schrieb sie gemeinsam mit ihrer Tochter Andrea Richter ihre Lebenserinnerungen auf und veröffentlichte sie in dem Buch „Meine beiden Leben".

Quellen: Elisabeth Richter: Meine beiden Leben. Briefe, Tagebücher, Aufzeichnungen, Erinnerungen, München 2009, sowie der schriftliche Bericht von 1950 von Elisabeth Richter.

Anlage zum Antrag auf Zuzugsgenehm
für Elisabeth Richter, geb.
СОЮЗ ОБЩЕСТВ КРАСНОГО КРЕСТА и КРАСНОГО
СССР
Почтовая карточка военнопленного
Carte postale du prisonnier de guerre
Кому (Destinataire)
HARALD RICHTE
Куда (Adresse)
GERMANIA - BAYREU
MAXSTR. 39
Отправитель (Expéditeur)
ELISABET
20. 3. 1948.
Quarantäne-Lager 15
Eisfeld i. Thür.
Quarantäne-Bescheinigung
Antrag gemäss Abschnitt I
KgfEG. gestellt am
Landratsamt München
- Amtl. Fürsorgestelle -
8. 11.

„Meine Tante Frieda Reitzenstein, meine Eltern und ich wohnten in Karlsbad im Sudetenland. 1945, ich war fünf Jahre alt, da wurde mein Vater von den Tschechen in Eger gefangen genommen und zum Tod verurteilt. Da er Tschechisch konnte, verrichtete er im Lager nicht nur Schwerstarbeit, sondern wurde auch als Übersetzer bei Gesprächen und Verhandlungen mit anderen deutschen Gefangenen eingesetzt. Die quälende Ungewissheit über den Zeitpunkt seiner Hinrichtung und die lebensfeindlichen Bedingungen im Arbeitslager musste er wie so viele aushalten.

Meine Mutter wollte, ehe das Schicksal des Vaters und Ehemanns nicht entschieden war, das Land nicht verlassen. Sie fand in einem tschechischen Arzthaushalt Arbeit. Meine alleinstehende Tante arbeitete in einem Karlsbader Krankenhaus.

1947 gelang meinem Vater die Flucht aus dem Arbeitslager in Eger über die Grenze in die amerikanisch besetzte Zone. Nun wollten auch wir Angehörige nach Deutschland. Durch die Fürsprache der Arbeitgeber von Mutter und Tante konnten wir schließlich ausreisen.

Die wenigen Dinge, die wir seit der Beschlagnahmung und Fremdbesetzung unserer Wohnung im Jahr 1945 noch hatten – wir wohnten zu dritt in einer Dachkammer – mussten nun verpackt werden. Meine fürsorgliche Tante hatte die Truhe aufbewahrt – aber nicht nur das: In der Hoffnung, für den Anfang im Westen ein kleines Auskommen für uns drei zu haben, hatte sie ihre gesparten Reichsmark aufbewahrt und in der Truhe aufwändig zwischen doppelten Wänden versteckt und eingenagelt.

Der Grenzübertritt gelang – allerdings kamen wir erst am 28. Juni 1948 in Herleshausen in Hessen an. Die versteckten Reichsmark waren nach der Währungsreform kaum mehr wert als das Papier, auf dem sie gedruckt waren.

Meinen Vater konnte ich erst 1950 ausfindig machen. Seit 1952 waren wir in Augsburg wieder vereint."

FRIEDA REITZENSTEIN
KARLSBAD

FELDFLASCHE

LEIHGEBERIN: URSULA RICHTER

Die Familie der Leihgeberin stammte aus Karlsbad [vgl. S. 106]. Über die Feldflasche ihres Vaters berichtet sie: „Mein Vater befand sich in tschechischer Gefangenschaft, wo ich ihn mit meiner Mutter ab und zu besuchen durfte. Sein dringlicher Wunsch war, außer etwas Essbarem auch etwas Warmes zu trinken zu bekommen, denn die Gefangenen bekamen nur wenig und kaltes Wasser, vom Essen ganz zu schweigen.

Für den Transport von heißem Tee oder Kaffee diente die Feldflasche, die mir immer ein Zeichen von Überlebenskraft ist."

URKUNDE „MISS CZECHOSLOVAKIA“ 1937

LEIHGEBER: DR. WALTER RÖSNER-KRAUS

Im Jahr 1937 gewann die spätere Mutter des Leihgebers in Prag das Ehren-Diplom „Miß Czechoslovakia“ der Internationalen Liga für Wettbewerbe der Schönheit und Kultur Wien. Unter der Leitung von Olaf Barrou hatten sich insgesamt 60 Bewerberinnen zur Wahl gestellt. Die 21-jährige Gerti (Gertrude) Orlet war im gleichen Jahr schon Publikumssiegerin bei der Wahl zur „Miß M.-Schönberg“ [Miss Mährisch-Schönberg] geworden.

Gertrude Orlet führte den Meistertitel im Gewerbe der Kleidermacherinnen, absolvierte eine Reihe von Weiterbildungskursen und wurde 1944 zur Berufsschullehrerin ernannt. Inzwischen hatte sie geheiratet und Sohn Walter war geboren. Bereits 1945 wurde Gertrude Kraus Witwe. 1946 wurden sie und ihr 21 Monate alter Sohn vertrieben, ihr erster Wohnort war Neuerode im Kreis Eschwege in Hessen, damals amerikanisch besetzte Zone. An der Berufsschule Fulda erhielt Gertrude Kraus 1948 eine Anstellung als Gewerbelehrerin, heiratete ein Jahr später zum zweiten Mal und wurde Mutter einer Tochter und eines weiteren Sohnes. Sie starb achtzigjährig im Jahr 1996. Ihre Urkunden hatte sie im Vertreibungsgepäck und sie werden heute von ihrem Sohn Walter verwahrt.

Ehren-Diplom

Hierdurch wird bestätigt, daß

Frl. Gerti Orlet, M.-Schönberg

aus 60 Vertreterinnen der ganzen Republik zur schönsten Frau des Landes, der

Miß Czechoslovakia 1937

unter Leitung von Olaf Barrou gewählt worden ist.

Prag, den 1. August 1937.

Ehren-Diplom

Hiermit wird

Frl. Gerti Orlet

bestätigt, in dem am 23. März 1937 im Grand-Café stattgefundenen Wettbewerb den Titel

Miß M.-Schönberg 1937

durch Publikumsabstimmung unter Leitung von Olaf Barrou erworben zu haben.

M.-Schönberg am 23. März 1937.

DER MUFF VON MARTHA TÄNZER

LEIHGEBERIN: GERDA SACHWEH-TÄNZER

Die Tochter von Frau Tänzer, Gerda Sachweh-Tänzer berichtet: „Bei unserer mitternächtlichen Flucht aus Ziegenhals am 31. Januar 1945 herrschte eine Eiseskälte von – 20°. Meine Schwester Ilse Dorothea mit ihren zweieinhalb und dreieinhalb Jahre alten Kindern, meine Mutter und ich machten uns schwer bepackt auf den Weg. Da der Russe schon sehr nahe war, wurde uns die Mitfahrt in einem Kindertransport aus dem oberschlesischen Industriegebiet nach Dresden angeboten. Allerdings musste man dazu erst den Hauptbahnhof erreichen, der sich außerhalb von Ziegenhals befand. Wegen der Kälte trug meine Mutter über ihrem Mantel und einem Rucksack ihr kostbares wadenlanges Fehcape (der wertvolle Fehpelz stammt vom sibirischen Eichhörnchen) und an einer Kordel um den Hals hängend, den Muff. Ihre Hände hatte sie somit frei für ihre Enkelkinder. Völlig erschöpft erreichten wir nach einer Stunde Fußmarsch den Bahnhof.

Meine Mutter musste sich eingestehen, dass das geliebte Cape zu schwer und bei der Flucht eher hinderlich war. Schweren Herzens trennte sie sich davon und übergab das gute Stück unserem Dienstmädchen Erika, das damit nach Hause ging.

Der Muff begleitete meine Mutter während der gesamten Flucht. Entsprechend strapaziert sieht dieses Erinnerungsstück aus. Sie trug ihn seitdem nie mehr.“

Gerda Sachweh-Tänzers Sohn Ulrich Sachweh berichtet, dass die Flucht der Familie erst einmal vor Dresden endete, so blieben die Fliehenden vor der alles zerstörenden Dresdner Bombennacht vom 13. Februar 1945 verschont. Sie erreichten schließlich Wien, wo die Familie verschiedene Wege ging. Gerda Tänzer und ihre Mutter kamen nach Bad Reichenhall, wo die Tochter ihr in Breslau begonnenes Kunststudium privat wieder aufnahm und 1950 nach München an die Akademie der Bildenden Künste kam. In München lernte sie auch ihren späteren Mann kennen und ihr Sohn Ulrich wurde geboren.

Den Muff aus Fehpelz, das Andenken an ihre Mutter und an die Ereignisse der Flucht, bewahrt die heute 93-jährige Gerda Sachweh-Tänzer immer noch auf.

ARMREIF

LEIHGEBER: ERNST SCHROEDER

Dieser Armreif ist nicht nur eine Erinnerung an Flucht und Vertreibung, sondern auch an den Ersten Weltkrieg. Der Großvater von Ernst Schroeder ließ den Armreif 1915 vor Verdun aus einer Granate für seine Tochter anfertigen. Die Inschrift lautet: „Vor Verdun 1914/15 Dein Vater“. Noch von der Front aus schickte er es zu seiner Tochter nach Sabor bei Glogau in Schlesien.

30 Jahre später, am Ende des Zweiten Weltkrieges, mussten die Großeltern von Ernst Schroeder ihre Heimat Sabor verlassen. Mit dem Zug flohen sie nach Leipzig. Für den 83-jährigen Großvater waren die Anstrengungen zu viel – er verstarb in Leipzig aufgrund der Fluchtstrapazen. Später erbte sein Enkel Ernst Schroeder den Armreif aus Verdun und hält ihn bis heute als Familienerinnerung in Ehren.

SILBERBESTECK, DREITEILIG

LEIHGEBER: ERNST SCHROEDER

Ernst Schroeder erhielt dieses dreiteilige Besteck aus 800er Silber von seinen Eltern als Geburtstagsgeschenk. Es stammt aus Teplitz-Schönau, dorthin war Ernst Schroeders Vater als Standortarzt versetzt worden. Bei Kriegsende im Mai 1945 floh die Mutter mit ihren drei Kindern – das jüngste war gerade einmal drei Monate, das älteste Kind 13 Jahre alt – zu Fuß Richtung Westen. Von Teplitz-Schönau aus gelangten sie zunächst nach Karlsbad und dann nach Franzensbad. Ein deutscher Bauer brachte sie schließlich bis zur Grenze bei Schirnding in Oberfranken. Das Endziel der Flucht war die Oberpfalz. Dort kam die Familie nach fast einem halben Jahr Flucht im November 1945 an.

Das Silberbesteck wurde bei der Flucht im Kinderwagen des jüngsten Bruders versteckt – unter dessen Gummi-Einlage. Kinderwagen waren bei vielen Vertriebenen und Flüchtlingen während der Flucht beliebte Verstecke für Wertgegenstände.

1948 holte der Vater seine Familie nach Flensburg nach, dort wuchs Ernst Schroeder auch auf. Später beschäftigte er sich viel mit seiner Familiengeschichte, deren Wurzeln väterlicherseits vor allem in Pommern und speziell in Kolberg liegen. Heute ist er der Vorsitzende der Landesgruppe Bayern der Pommerschen Landsmannschaft.

Teilweise zitiert nach Susanne Habel: Aus Teplitz vertrieben, in: Sudetendeutsche Zeitung, Jg. 66, Folge 50 vom 12. Dezember 2014.

HAROFÜLLER

LEIHGEBERIN: BARBARA SIMON

Auch ein Füller kann zum wichtigen Fluchtgegenstand werden, denn er gibt die Möglichkeit, das Geschehene aufzuschreiben und für die Nachwelt und Verwandte festzuhalten. Hertha Simon musste im Februar 1945 gemeinsam mit ihren drei Kindern Barbara, Werner und Hubert sowie weiteren Verwandten ihren Heimatort Goldberg in Schlesien verlassen. Ihr Weg führte sie mit dem vollgepackten Leiterwagen zunächst nach Falkenhain, wo sie die erste Nacht auf Stroh verbrachten. Weiter ging es nach Schönau, von dort aus sollte die Flucht mit dem Zug weitergehen. In einem Güterwagen mit 59 Personen und sieben Kinderwagen harrte die Familie zwei Tage am Bahnhof aus, bevor der Zug weiter nach Jannowitz fuhr. Auch hier hielt sich die Familie wieder einige Tage auf, bevor die Flucht sie weiter nach Hirschberg und Polaun führte. Dort schlossen sich die Simons einem anderen Flüchtlingstransport mit unbekanntem Ziel an und kamen so nach Reichenberg im Sudetenland. „Wir bekamen einen alten ungeheizten 4.-Klasse-Wagen, in dem wir vier Tage und Nächte zubringen mussten“, schrieb Hertha Simon nach der Flucht auf. Erst danach geht die Fahrt Richtung Westen weiter – über Saaz und Karlsbad schließlich nach Eger und weiter nach Bayern: „Am Mittwoch, dem 21. Februar frühmorgens landeten wir zu unserer großen Überraschung in Regensburg. In Eger hatte man uns gesagt, wir kämen nach Bayreuth und nun waren wir in Regensburg!“ Insgesamt war die Familie für diese Strecke von ca. 600 Kilometer 14 Tage unterwegs.

In Bayern wurden die Simons zunächst in einem Flüchtlingslager untergebracht, wo sie aber nicht lange blieben. Der Endpunkt ihrer Reise war der kleine Ort Tettenwang bei Ingolstadt. Dort begann Hertha Simon ihren Fluchtbericht in Form eines Briefes an ihren Mann, der noch in russischer Kriegsgefangenschaft war, zu schreiben. Im Sommer 1948 wurde der Vater aus der Haft entlassen und konnte zu seiner Familie nach Bayern.

Teilweise zitiert nach dem schriftlichen Bericht von Hertha Simon.

KINDERSTUHL

LEIHGEBERIN: EMMA WEIS

„Weihnachten 1944; mein erster und letzter erlebter Heiliger Abend daheim. Ich war damals dreieinhalb Jahre alt. Am späten Nachmittag ging meine Mutter mit mir ins Schlafzimmer, öffnete das Fenster einen kleinen Spalt und sagte: ‚… damit das Christkind rein kann …'. Dann nahm sie mich mit in den Stall, das tat sie sonst nie. Nachdem sie die Kühe gefüttert, gemolken und ausgemistet sowie die übrigen Tiere versorgt hatte, gingen wir in die Wohnküche zurück. Sie war nur spärlich beleuchtet. Plötzlich trat aus dem Schlafzimmer eine weiße, von Kopf bis Fuß verschleierte Gestalt, hielt einen Christbaum mit brennenden Kerzen in den Händen und stellte ihn auf den Tisch. Im Schein der Kerzen sah ich ein liebliches Gesicht mit roten Bäckchen und langen schwarzen offenen Haaren. Ich war sehr überrascht und stark erregt. Meine Mutter sagte leise zu mir, ich solle ‚Jesulein komm zu mir' beten, das ich damals schon gut konnte. Ich brachte kein Wort heraus. Meine Mutter sprach das Gebet für mich. Dann verließ das Christkind leise durch die Küchentüre die Wohnküche. Nach einer Weile sah ich auf einem Hocker eine kleine Puppenküche stehen und davor das Kinderstühlchen. Diese Sachen waren auch vom Christkind gebracht worden." So berichtet Emma Weis in ihrem Erinnerungstext darüber, wie sie zu ihrem Kinderstuhl kam.

Im Mai 1945 wurde Emmas Vater zur Zwangsarbeit eingezogen, im September verlor die Familie ihr Gehöft in ihrem Heimatort Langenlutsch im Kreis Mährisch Trübau. Dort zogen Tschechen ein, während Mutter und Kind in der Küche schlafen mussten. Im Oktober 1945 wurden sie vom Hof gejagt und die Mutter wurde von einem tschechischen Kommissar auf einem anderen Bauernhof als Leiterin eingesetzt. Im Sommer 1946 kam der Vater aus der Zwangsarbeit zurück zu seiner Familie und sie beschlossen, sich um eine Aussiedlung zu bemühen. „Anfang September 1946 wurde mein Vater mit dem Aussiedlungsschein aus dem Bergwerk entlassen. Als er bei uns ankam, war der Tscheche – Kommissar und Hofbesetzer – sehr erregt und versuchte intensiv meine Mutter zum Bleiben zu überreden. Sie ließ sich jedoch nicht umstimmen. Da mein Vater für die Aussiedlung noch einen Stempel der Gemeinde benötigte, ließ ihn der Kommissar ohrfeigen. Vater bestand jedoch auf dem Stempel und bekam ihn schließlich auch.

Als feststand, dass unsere Aussiedlung kurz bevor steht, bat meine Mutter ‚ihren Bauern-Kommissar', er möge mit ihr zu unserem Gehöft fahren, damit

sie Kleidung und etwas Hausrat mitnehmen könne. Dies tat er auch. Schließlich kamen sie mit einer Truhe voller Kleidung und Hausrat angefahren. Mein Kinderstühlchen und Teile der Puppenküche waren auch dabei.

Aus dem Küchenschrank meiner Puppenküche – er hatte große Türchen – fertigte mein Vater Täfelchen zu Kofferanhängern. Ich erhielt auch so ein Holztäfelchen mit meinem Namen, Geburtsdatum und Angaben zum Transport mit einem Lederriemchen um den Hals gebunden, damit wir uns wiederfinden, wenn ich verloren gehe. Unser Bauer fuhr uns persönlich mit Pferd und Wagen und unseren Sachen ins Lager. Wir hatten auch Lebensmittel dabei. Ich bekam eine große Tüte Bonbons von ihm geschenkt. Er herzte mich und weinte.

Im Lager wurde meine Mutter plötzlich sehr krank. Sie hatte eine starke, eitrige Angina. In der Früh unseres Aussiedlungstages wurden ihr vom Lagerarzt die eitrigen Mandeln aufgeschnitten. Er sagte zu ihr: ‚Bleiben Sie hier, bis Sie an die Grenze kommen, sind Sie eine Leiche.' Mutter ließ sich jedoch nicht vom Transport abhalten. Sie wusste, es war der vorletzte, der von unserem Lager abging. Keinesfalls wollte sie das Kind alleine lassen und die Trennung der Familie riskieren. Am Nachmittag ging es los. Es wurden die üblichen Transportwagen – ohne Fenster – mit 30 Personen und ihren Habseligkeiten beladen.

Während der ganzen Zugfahrt saß meine Mutter auf dem Kinderstuhl und hatte mich auf ihrem Schoß. Sie überlebte.

Mein Kinderstuhl begleitete uns durch alle Lager und Wohnungen meiner Eltern bis zu ihrem Tode. Ursprünglich war er hell lackiert. Später strichen ihn meine Eltern hellgrün an, damit er zum Küchenschrank passte. Als sie alt waren, strichen sie ihn braun an und benutzten ihn zum Anziehen und Schnüren ihrer Schuhe. Er zeigt davon deutliche Spuren. Nach dem Tode meiner Eltern nahm ich den Stuhl an mich. Seit 25 Jahren befindet er sich nun in meiner Münchner Wohnung. Er wird auch mich bis ans Lebensende begleiten.

Schließlich hat ihn doch das Christkind gebracht."

Teilweise zitiert nach dem schriftlichen Bericht von Emma Weis.

TASCHENTÜCHER MIT MONOGRAMM

LEIHGEBERIN: BRIGITTE WENZL

Die Taschentücher tragen das Monogramm K und Z. Die Mutter der Leihgeberin, Erika Wenzl, geb. Schiffner, hat dazu auf einem Zettel notiert:

„Andenken an Oma Wenzl!

Im Flüchtlingsgepäck aus Prag mitgebracht. KZ heißt Käthe Zich von Rosenfeld. Die Flecken sind nicht weggegangen. Sie stammen von Lippenstift, mit dem man den Deutschen Hakenkreuze auf die Wangen gemalt hatte.“

Brigitte Wenzl erklärt dazu: „Oma (Käthe) Wenzl ist meine Großmutter väterlicherseits, die mit ihren beiden Söhnen aus Prag geflohen ist. Wir vermuten, dass sich ihr Mann, mein Großvater, in den letzten Kriegstagen das Leben genommen hat. Käthe Wenzl war eine geborene Zich von Rosenfeld.“ Die Familie gehörte zum böhmischen Adel.

DAS WAFFELEISEN IM KINDERWAGEN

LEIHGEBER: WETZEL OBLATEN- UND WAFFELFABRIK GMBH DILLINGEN, DONAU
HANS HACKSPACHER JR., MARLENE WETZEL-HACKSPACHER

1948 war sie die erste Konditormeisterin in Bayern – Marlene Wetzel-Hackspacher, in Schönbrunn bei Mährisch Schönberg im Sudetenland geboren und heute Seniorchefin der Firma Wetzel Oblaten- und Waffelfabrik in Dillingen an der Donau in Bayern. Der Weg dorthin war lang und von vielen Schicksalsschlägen gezeichnet.

In Marienbad im böhmischen Bäderdreieck ließ sich die junge Marlene zur Konditorin ausbilden und begann mit der Herstellung der traditionellen Karlsbader Waffeln. Im Alter von 22 Jahren heiratete sie Rudolf Wetzel aus Zöschingen bei Dillingen an der Donau. Sie hatte ihn im Zug von Schönberg nach Marienbad kennengelernt. Man schrieb das Jahr 1944 und als die gemeinsame Tochter Marlies zur Welt kam, war Rudolf Wetzel als Soldat im Krieg. Das Ehepaar hatte verabredet, sich nach Kriegsende bei den (Schwieger)eltern in Zöschingen zu treffen.

Nach mehreren gescheiterten Fluchtversuchen begann für Marlene Wetzel und ihre kleine Tochter das letzte Kapitel der Vertreibung im Januar 1946: Erlaubt waren 30 Kilogramm Gepäck und sie hatte ein 15 Kilogramm schweres Waffeleisen im Kinderwagen versteckt. Die entbehrungsreiche Fahrt im Viehwaggon von Marienbad nach Bayern dauerte vier Tage. Der „Schmuggel" aber glückte und ihre Tochter saß sozusagen auf der Grundlage des künftigen Lebensunterhalts.

Über Furth im Wald erreichten sie Bayern und quartierten sich auf dem Hof der Schwiegereltern ein. Dort erst erfuhr die junge Frau, dass ihr Mann nicht mehr am Leben war – er wurde bereits ein knappes Jahr nach der Hochzeit als Kampfflieger in Mailand abgeschossen. „Meine Schwiegermutter und ich schrien vor Schmerz", erzählt sie. „Meine Tochter hat ihren Vater nie gesehen." Die junge Witwe erhielt keine Rente und musste für ihren Lebensunterhalt und den ihres Kindes selbst aufkommen.

„Am dritten Tag hab ich gesagt: ich hab ein Backeisen dabei", berichtete sie Jahrzehnte später, „am Anfang haben die Leute gesagt, mei, was will denn die Frau mit ihrem Kind und ihren Oblaten, die braucht doch hier kein Mensch. Die Leute haben gesagt, wir spinnen, in Schwaben mit Karlsbader Oblaten anzufangen."

Sie hat es trotz aller Versorgungsprobleme und Widerstände versucht. Die ersten Ergebnisse aus dem Waffeleisen hat sie an Bauern in der Nachbarschaft

verschenkt. „Denen hat das geschmeckt und sie wollten mehr.“ So überzeugte sie die einheimische Bevölkerung von Geschmack und Qualität ihrer Produkte.

1948 bestand sie nicht nur die Meisterprüfung, sondern heiratete auch den Kaufmann Hans Hackspacher, mit dem sie aus kleinsten Anfängen und nach vielen Rückschlägen die heutige Firma aufbaute, die mittlerweile von ihrem Sohn Hans Hackspacher jr. geführt wird.

Nach Marienbad ist sie nach dem Krieg noch zweimal gefahren. In ihren Geburtsort Schönbrunn wollte sie nie mehr. „Ich dachte immer: Wenn ich da noch einmal hinkomme, werde ich doch noch eingesperrt.“

Quellen: Augsburger Allgemeine vom 11. Juni 2012; Sudetendeutsche in Bayern: www.sueddeutsche.de vom 19. Mai 2013 ; Marlene Wetzel-Hackspacher: Immer nur weiter, Glött 2004.

220

KNEIPPBUCH

LEIHGEBER: HEINZ WILLMANN

Heinz Willmann erbte „Das große Original Kneippbuch" von seiner Urgroßmutter, für die es eine ganz besondere Bedeutung hatte.

Willmanns Urgroßmutter wurde 1875 in Kronstadt geboren. Mit nur 19 Jahren erblindete sie durch eine falsch behandelte Augenentzündung. Nachdem mehrere Ärzte ihr bescheinigten, dass sie nie wieder würde sehen können, nahmen Freunde der Familie ihren Befund mit nach Bad Wörishofen zu Prälat Kneipp. Hinter dem Rücken ihrer Eltern, die gegen diese Behandlung waren, setzte das Mädchen die vom örtlichen Arzt verschriebenen Medikamente ab und wandte die Kneipp-Methode an. Nach zehn Tagen begann sich ihr Sehvermögen wieder zu verbessern und nun erhielt sie auch von ihren Eltern die Erlaubnis, nach Bad Wörishofen zu fahren. Hier wurde sie noch von Sebastian Kneipp persönlich behandelt und erhielt ihr Augenlicht zurück. Ab diesem Zeitpunkt war sie eine große Anhängerin der Kneippkultur. Drei Jahre später fuhr sie erneut zur Kur nach Deutschland. Das Kneippbuch war für sie Zeit ihres Lebens das wichtigste Buch. In ihrer Heimat Siebenbürgen beriet sie auch Freunde und Verwandte zur Kneippkur.

In den achtziger und neunziger Jahren kam es nach Jahren der Repression in Rumänien zu einer großen Auswanderungswelle der Siebenbürger Sachsen. Auch Heinz Willmann emigrierte nach der Wende von Rumänien in die Bundesrepublik. Als Kleinkind hatte ihn das Kneippbuch aufgrund seiner Dicke und der medizinischen Illustrationen beeindruckt und so nahm er unter anderem dieses Buch als Familienerbstück mit.

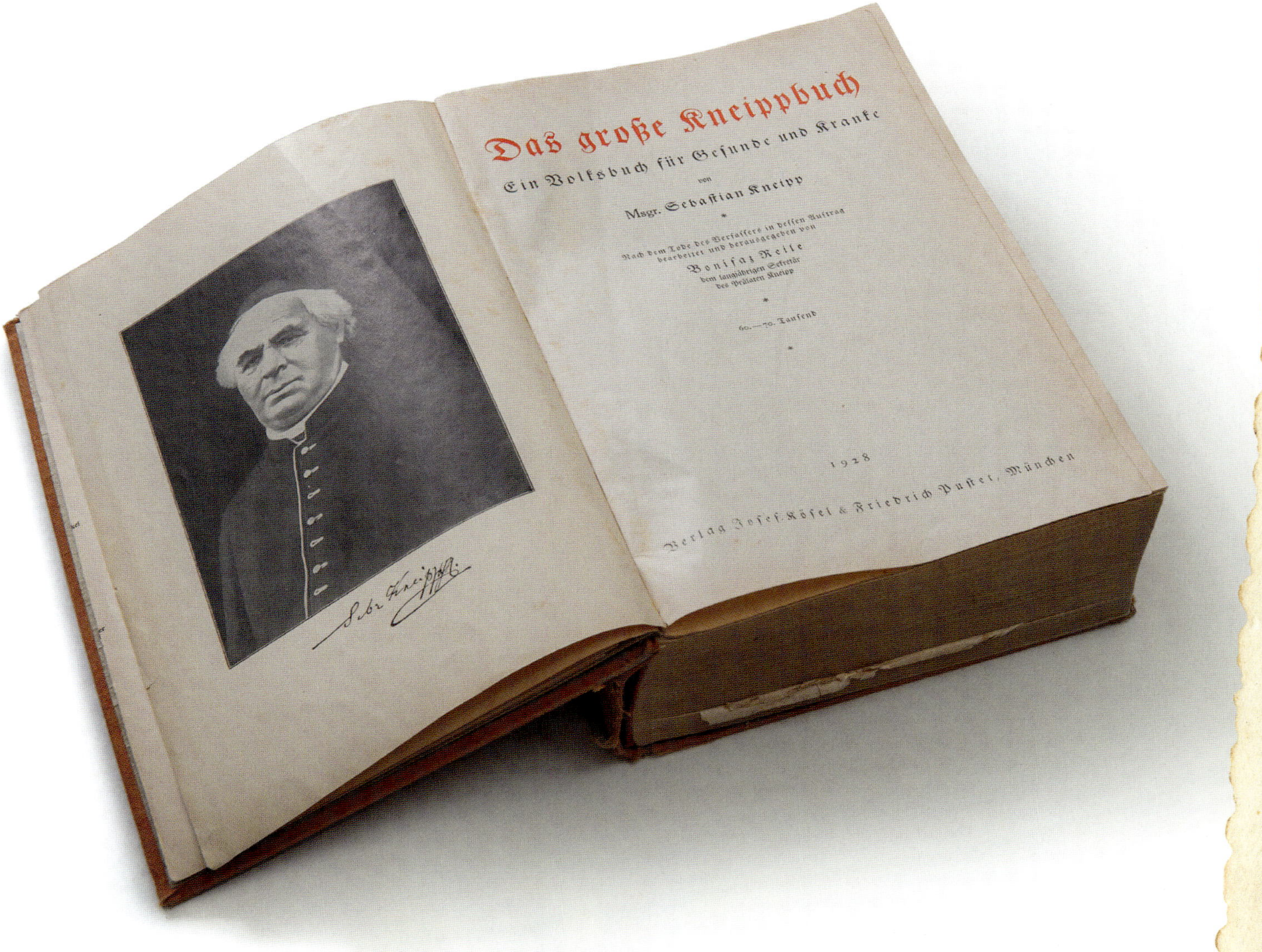
Das große Kneippbuch
Ein Volksbuch für Gesunde und Kranke
von
Msgr. Sebastian Kneipp
Nach dem Tode des Verfassers in dessen Auftrag
bearbeitet und herausgegeben von
Bonifaz Reile
dem langjährigen Sekretär
des Prälaten Kneipp
60.—70. Tausend
1928
Verlag Josef Kösel & Friedrich Pustet, München

SCHLÜSSEL

LEIHGEBER: JOACHIM WODOK

Schlüssel sind für viele Vertriebene und Flüchtlinge ein wichtiges Erinnerungsstück und ein Symbol für die Hoffnung auf eine baldige Rückkehr. So auch für Joachim Wodok: „Am 5. Februar 1945 musste meine Familie – Eltern, Großeltern und drei Kinder – unser Haus in Sohrau, Oberschlesien, Kreis Rybnik, wegen der sehr nahen Front verlassen. In der Hoffnung, bald wieder zurückkehren zu können, wurde das Haus in der Breitestraße 22 ordnungsgemäß verschlossen. Der Schlüssel der Haustüre und ein weiterer haben die 70 Jahre seitdem gut überstanden und erinnern mich immer an dieses Datum.

Das Absperren hat aber nichts genützt, es ist trotzdem eine polnische Familie eingezogen. Für diese gibt es sogar eine Eintragung im Grundbuch. Heute wird das Haus zu gewerblichen Zwecken benutzt. Nach dem letzten bekannten Stand ist es jetzt eine Pizzeria – natürlich mit einer neuen Haustüre.“

Teilweise zitiert nach dem schriftlichen Bericht von Joachim Wodok.

GEBURTSHILFEKOFFER

LEIHGEBERIN: DR. ULRIKE ZISCHKA

Die Familie von Ulrike Zischka stammt aus Franzensbad im Egerland. Mit dem letzten – und für sie als Neugeborene zugleich dem ersten – Weihnachten 1945 in dieser böhmischen Stadt verbindet Ulrike Zischka ganz besondere Familienerinnerungen: „Nur viele Erzählungen meiner Eltern und Schwester gaben mir Eindrücke von einem bedrückten und doch gefeierten Weihnachten in der eigenen Wohnung am alten Ort. Die Schwester kam ‚schwarz' über die Grenze aus Bayern zurück. Der Vater hatte sie Monate vorher bereits nach Bayern geschickt, um sie vor der Verbringung deutscher Jugendlicher ins Innere der Tschechoslowakei zu bewahren. Ich war gerade im November getauft worden und lebte mit Vater und Mutter in der alten Franzensbader Wohnung. Durch die Fürsorge einer tschechischen Patientin meines Vaters bekamen wir manche Hilfen und konnten bis ins Frühjahr 1946 in dieser Wohnung bleiben. Nach der Geburt ihres Sohnes, zu der mein Vater als Geburtshelfer geholt wurde, sorgte sie nicht nur für die Wiedereröffnung seiner Arztpraxis, sondern auch für den Christbaumbehang von 1945. Am Christbaumzweig der Erinnerungen hängen seither die bunten ephemeren Schaumringe, die, ob Tscheche oder Deutscher, schon seit dem 19. Jahrhundert zur Schmucktradition unserer aller Christbäume gehörten. Nie ist es mir gelungen, die Schenkerin von damals oder deren Sohn wiederzufinden. Aber wir erinnern uns an sie."

Ulrike Zischkas Vater war einer der wenigen Ärzte in der Region und wurde deshalb zum Bleiben im Land gezwungen. Die dankbare tschechische Patientin versorgte die Familie nicht nur mit Christbaumschmuck, sondern auch mit Eiern und Vollmilch. Zur damaligen Zeit ein großer Luxus – und für einen Säugling überlebensnotwendig. Der Geburtshilfekoffer rettete so nicht nur dem Sohn der Tschechin das Leben, sondern auch Ulrike Zischka. Auch deshalb ist er noch heute ein wichtiges Erinnerungsstück für sie.

Das nächste Weihnachten musste die Familie getrennt verbringen – Mutter und Töchter waren bereits in der Oberpfalz, während der Vater als Arzt weiter in der Tschechoslowakei zurückgehalten wurde:

„Bayerische Weihnachten 1946: Wo war unser Vater? In Cerhonice, Südböhmen. Ein Weihnachtsbrief übermittelt seine Weihnachtsimpressionen von 1946 in der Tschechoslowakischen Republik, samt einer Zeichnung seines Christbaumes in seinem Wohn- und Ordinationszimmer. […] Cerhonice besuchte ich mit tschechischen Freunden erst vor wenigen Jahren. Der neue

Besitzer des Gutshofes, damals ‚Umsiedlerlager für Deutsche', sah diese Weihnachtszeichnung und viele andere Zeichnungen, die uns in Bayern 1946 aus Cerhonice erreichten. Er bat um Kopien, die er im Hause als Bilder aufhängen wollte. Und zum Weihnachtsfest 2010 kam ein Brief mit dem Satz, dass nun auch das ‚Weihnachtszimmer meines Vaters' schon renoviert wurde. Welch schöner Weihnachtsgruß war dies. 65 Jahre nach den traurigen Tagen von 1946 brachte es große Freude für mich und verband wieder Zeiten und Menschen."

Das nächste Weihnachten konnte die Familie dann wieder gemeinsam verbringen. Auch der Vater hatte die Tschechoslowakei verlassen können – und seinen Geburtshilfekoffer mitgebracht, den Ulrike Zischka noch heute aufbewahrt.

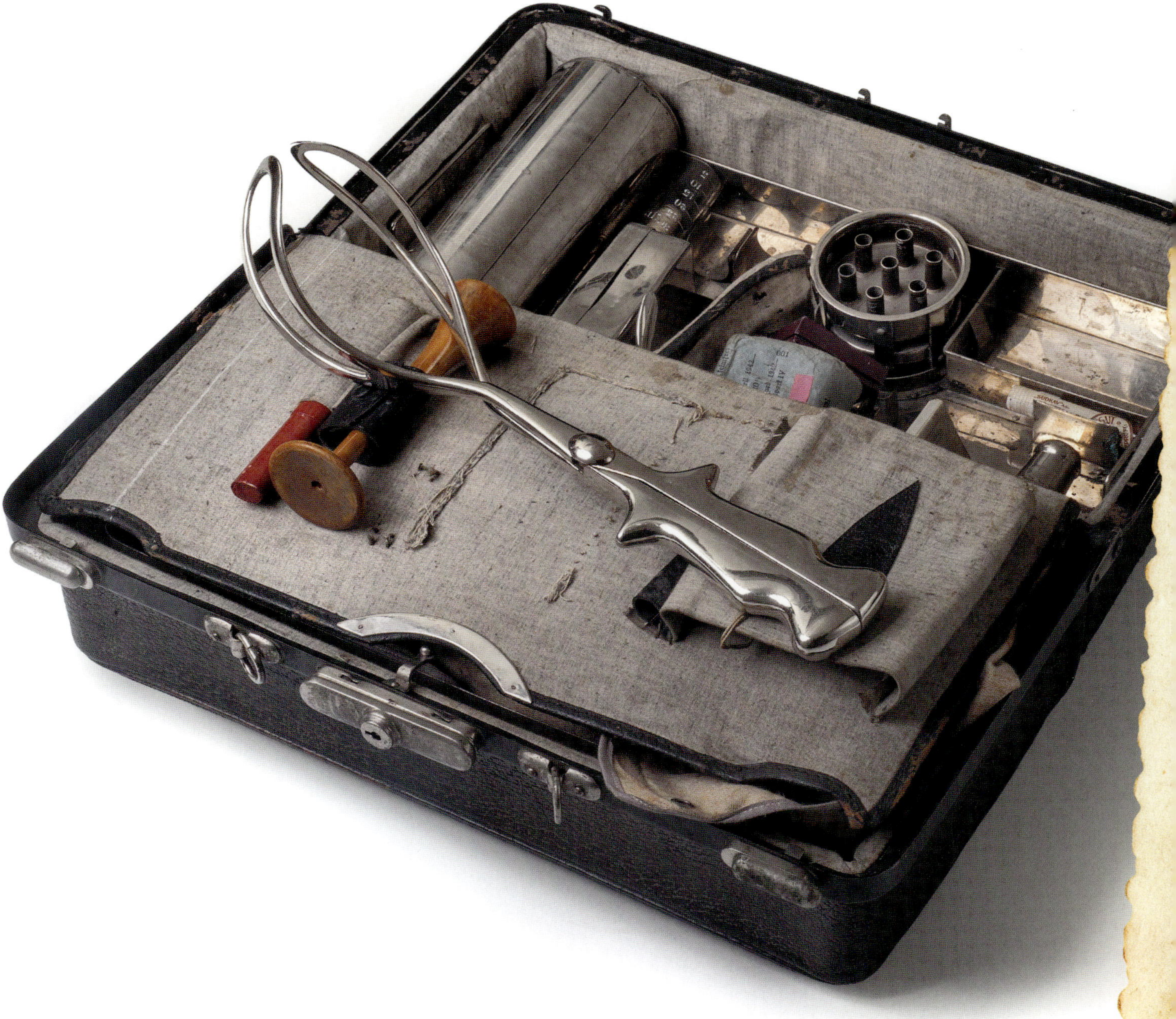

ORTSNAMEN

deutscher Ortsname	Region	heutiger Ortsname	Staat
Auherzen	Egerland / Westböhmen	Úherce (tsch.)	Tschechische Republik
Auschwitz	Oberschlesien	Oświęcim (poln.)	Polen
Aussig	Nordböhmen	Ústí nad Labem (tsch.)	Tschechische Republik
Baja s. Frankenstadt			
Birkfähre (1936–1945)/ Wendisch Musta	Niederschlesien	Mosty (sorb. und poln.)	Polen
Breslau	Oberschlesien	Wrocław (poln.)	Polen
Brünn	Mähren	Brno (tsch.)	Tschechische Republik
Buchenhain	südliche Bukowina	Poiana Micului (rum.)	Rumänien
Budweis	Böhmen	České Budějovice (tsch.)	Tschechische Republik
Bunzlau	Niederschlesien	Bolesławiec (poln.)	Polen
Christofsgrund / Christophsgrund	Nordböhmen	Kryštofovo Údolí (tsch.)	Tschechische Republik
Danzig	freie Stadt Danzig / Ostpreußen	Gdańsk (poln.)	Polen
Driesen / Driesen-Vordamm	Pommern	Drezdenko (poln.)	Polen
Dubkowitz	Nordböhmen	Dobkovice (tsch.)	Tschechische Republik
Eger	Egerland / Westböhmen	Cheb (tsch.)	Tschechische Republik
Eibenau	Ostpreußen	Wezewo (poln.)	Polen
Eichenwalde	Westpommern	Dębice (poln.)	Polen
Falkenhain	Niederschlesien	Sokołówka (poln.)	Polen
Frankenstadt	Südungarn	Baja (ung.)	Ungarn
Franzensbad	Egerland / Westböhmen	Františkovy Lázně (tsch.)	Tschechische Republik
Friedeberg (Neumark)	Pommern	Strzelce Krajeńskie (poln.)	Polen
Gleiwitz	Oberschlesien	Gliwice (poln.)	Polen
Glogau	Niederschlesien	Głogów (poln.)	Polen
Goldberg	Niederschlesien	Złotoryja (poln.)	Polen
Grabschütz	Nordböhmen	Krabčice (tsch.)	Tschechische Republik
Graslitz	Egerland / Westböhmen	Kraslice (tsch.)	Tschechische Republik

deutscher Ortsname	Region	heutiger Ortsname	Staat
Gura Humora	südliche Bukowina	Gura Humorului (rum.)	Rumänien
Heufeld	serbisches Banat	Нови Козарци / Novi Kozarci (serb.) Kistöszeg (ungar.)	Serbien
Hirschberg	Niederschlesien	Jelenia Góra (poln.)	Polen
Hohenelbe	Nordböhmen	Vrchlabí (tsch.)	Tschechische Republik
Iglau	Iglauer Sprachinsel	Jihlava (tsch.)	Tschechische Republik
Jannowitz	Niederschlesien	Janowice Wielkie (poln.)	Polen
Jauer	Niederschlesien	Jawor (poln.)	Polen
Kaaden	Egerland / Westböhmen	Kadaň (tsch.)	Tschechische Republik
Karlsbad	Egerland / Westböhmen	Karlovy Vary (tsch.)	Tschechische Republik
Karwin	Mährisch-Schlesien / Sudetenschlesien	Karvína (tsch.) Karwina (poln.)	Tschechische Republik
Klösterle	Egerland / Westböhmen	Klášterec nad Ohří (tsch.)	Tschechische Republik
Kolberg	Westpommern	Kołobrzeg (poln.)	Polen
Königsberg (Preußen)	Ostpreußen	Калининград / Kaliningrad (russ.)	Russische Föderation
Königswart (Bad)	Egerland / Westböhmen	Lázně Kynžvart (tsch.)	Tschechische Republik
Kottomirsch / Kottomir	Nordböhmen	Chotiměř (tsch.)	Tschechische Republik
Kronstadt	Siebenbürgen	Brașov (rum.) Brassó (ung.)	Rumänien
Kunewald	Nordmähren	Kunín (tsch.)	Tschechische Republik
Küstrin	Neumark / Ostbrandenburg	Kostrzyn nad Odrą (poln.)	Polen
Langenlutsch	Nordmähren	Dlouhá Loučka (tsch.)	Tschechische Republik
Langstrobnitz	Südböhmen	Dlouhá Stropnice (tsch.)	Tschechische Republik
Liboch	Nordböhmen	Liběchov (tsch.)	Tschechische Republik
Mährisch Schönberg	Nordmähren	Šumperk (tsch.)	Tschechische Republik
Mährisch Trübau	Nordmähren	Moravská Třebová (tsch.)	Tschechische Republik
Marienbad	Egerland / Westböhmen	Mariánské Lázně (tsch.)	Tschechische Republik

deutscher Ortsname	Region	heutiger Ortsname	Staat
Medenau / Adlig Medenau	Ostpreußen	Логвино / Logwino (russ.) Medenava (lit.)	Russische Föderation
Melnik	Böhmen	Mělník (tsch.)	Tschechische Republik
Mies	Egerland / Westböhmen	Stříbro (tsch.)	Tschechische Republik
Muskau (Bad)	Oberlausitz / Sachsen	Mužakow (obersorb.)	Deutschland
Naugard	Westpommern	Nowogard (poln.)	Polen
Neumassow / Neu Massow	Pommern	Maszewko (poln.)	Polen
Nidden	Memelland / Ostpreußen	Nida (lit.)	Litauen
Niederlangenau	Niederschlesien	Dolní Lánov (tsch.)	Tschechische Republik
Olmütz	Mähren	Olomouc (tsch.)	Tschechische Republik
Ostrau / Mährisch-Ostrau	Mähren	Ostrava (tsch.)	Tschechische Republik
Pillau	Ostpreußen	Балтийск / Baltijsk (russ.) Piliava (lit.)	Russische Föderation
Polaun	Nordböhmen	Polubný (tsch.)	Tschechische Republik
Prag	Böhmen	Praha (tsch.)	Tschechische Republik
Ratibor	Oberschlesien	Racibórz (poln.)	Polen
Reichenberg	Nordböhmen	Liberec (tsch.)	Tschechische Republik
Rosternitz	Wischauer Sprachinsel / Mähren	Rostěnice-Zvonovice (tsch.)	Tschechische Republik
Rybnik	Oberschlesien	Rybnik (poln.)	Polen
Saaz	Egerland/ Westböhmen	Žatec (tsch.)	Tschechische Republik
Sabor / Borkau-Sabor (1937–1945)	Niederschlesien	Zabornia (poln.)	Polen
Schneidemühl	Grenzmark Posen-Westpreußen	Piła (poln.)	Polen
Schönau	Niederschlesien	Świerzawa (poln.)	Polen
Schönbrunn	Nordmähren	Dolní Studénky (tsch.)	Tschechische Republik
Sensburg	Ostpreußen	Mrągowo (poln.)	Polen
Sidden (Gut)	Ostpreußen	Zydy (poln.)	Polen
Skerbersdorf / Schönlinden (1936–1947)	Lausitz / Sachsen	Skarbišecy (sorb.)	Deutschland
Sohrau	Oberschlesien	Żory (poln.)	Polen
Spansdorf	Nordböhmen	Lipová (tsch.)	Tschechische Republik

deutscher Ortsname	Region	heutiger Ortsname	Staat
Stettin	Pommern	Szczecin (poln.)	Polen
Stolzenburg	Siebenbürgen	Slimnic (rum.) Szelindék (ung.)	Rumänien
Strobnitz	Südböhmen	Horní Stropnice (tsch.)	Tschechische Republik
Swonowitz	Wischauer Sprachinsel / Mähren	Rostěnice-Zvonovice (tsch.)	Tschechische Republik
Teplitz-Schönau	Nordböhmen	Teplice (tsch.)	Tschechische Republik
Theresienstadt	Böhmen	Terezín (tsch.)	Tschechische Republik
Tilsit	Ostpreußen	Советск / Sowetsk (russ.)	Russische Föderation
Treuburg	Ostpreußen	Olecko (poln.)	Polen
Wischau	Mähren	Vyškov (tsch.)	Tschechische Republik
Ziegenhals (Bad)	Oberschlesien	Głuchołazy (poln.)	Polen
Zoppot	Pommern	Sopot (poln.)	Polen

Die Angaben stammen im Wesentlichen aus dem *Gemeindeverzeichnis für die Hauptwohngebiete der Deutschen außerhalb der Bundesrepublik Deutschland, 2. Auflage, Frankfurt a. M. 1982.*

AUSWAHLBIBLIOGRAFIE

Bayerisches Staatsministerium für Arbeit und Sozialordnung, Familie, Frauen und Gesundheit/Universität Bayreuth (Hg.): Die Entwicklung Bayerns durch die Integration der Heimatvertriebenen und Flüchtlinge, München 1990 – 1996

Beer, Mathias: „Die Stunde der Frauen". Graf von Krockow revisited, in: Leugers-Scherzberg, August H./ Scherzberg, Lucia (Hg.): Genderaspekte in der Aufarbeitung der Vergangenheit, Saarbrücken 2014

Beer, Mathias: Flucht und Vertreibung der Deutschen. Voraussetzungen, Verlauf, Folgen, München 2011

Bergner, Christoph u.a. (Hg.): Aussiedler- und Minderheitenpolitik in Deutschland. Bilanz und Perspektiven, München 2009

Bingen, Dieter/ Borodziej, Włodzimierz/Troebst, Stefan (Hg.): Vertreibungen europäisch erinnern? Historische Erfahrungen – Vergangenheitspolitik – Zukunftskonzeptionen, Wiesbaden 2003

Borodziej, Włodzimierz/Lemberg, Hans (Hg.): „Unsere Heimat ist uns ein fremdes Land geworden...". Die Deutschen östlich von Oder und Neiße 1945 – 1950. Dokumente aus polnischen Archiven, Marburg 2000 – 2004

1. Zentrale Behörden, Wojewodschaft Allenstein
2. Zentralpolen. Wojewodschaft Schlesien (Oberschlesien)
3. Wojewodschaft Pommern, Wojewodschaft Stettin
4. Wojewodschaften Pommerellen und Danzig (Westpreußen); Wojewodschaft Breslau (Niederschlesien)

Brandes, Detlef/Sundhaussen, Holm/Troebst, Stefan (Hg.): Lexikon der Vertreibungen. Deportation, Zwangsaussiedlung und ethnische Säuberung im Europa des 20. Jahrhunderts, Köln 2010

Bundesministerium für Vertriebene, Flüchtlinge und Kriegsgeschädigte (Hg.): Dokumentation der Vertreibung der Deutschen aus Ost-Mitteleuropa, Reprint der Orig.-Ausg. 1954 – 1961, München 1984

1. Die Vertreibung der deutschen Bevölkerung aus den Gebieten östlich der Oder-Neiße I – III.
2. Das Schicksal der Deutschen in Ungarn.
3. Das Schicksal der Deutschen in Rumänien.
4. Die Vertreibung der deutschen Bevölkerung aus der Tschechoslowakei I/II.
5. Das Schicksal der Deutschen in Jugoslawien.

Denzer, Vera u.a. (Hg.): Homogenisierung und Diversifizierung von Kulturlandschaften, Bonn 2011

Douglas, Ray M.: Ordnungsgemäße Überführung. Die Vertreibung der Deutschen nach dem Zweiten Weltkrieg, München 2012

Halicka, Beata (Hg.): „Mein Haus an der Oder". Erinnerungen polnischer Neusiedler in Westpolen nach 1945, Paderborn 2014

Dies.: Polens Wilder Westen. Erzwungene Migration und die kulturelle Aneignung des Oderraumes 1945 – 48, Paderborn 2013

Hirsch, Helga: Gehen oder bleiben? Juden in Pommern und Niederschlesien 1945 – 1957, Göttingen 2011

Dies.: Schweres Gepäck. Flucht und Vertreibung als Lebensthema, Hamburg 2004

Historische Gedenkstätte des Potsdamer Abkommens Cecilienhof (Hg.): Das Potsdamer Abkommen. Dokumentensammlung, Berlin 1984

Hryciuk, Grzegorz u.a.: Umsiedlungen, Vertreibungen und Fluchtbewegungen1939 – 1959. Atlas zur Geschichte Ostmitteleuropas, Lizenzausgabe, Bonn 2012

Kittel, Manfred: Vertreibung der Vertriebenen? Der historische deutsche Osten in der Erinnerungskultur der Bundesrepublik (1961 – 1982), München 2007

Klier, Freya: Wir letzten Kinder Ostpreußens. Zeugen einer vergessenen Generation, Freiburg i. Br. 2014

Kossert, Andreas: Kalte Heimat. Die Geschichte der deutschen Vertriebenen nach 1945, 4. überarb. Aufl., München 2008

Krauss, Marita (Hg.): Integrationen. Vertriebene in den deutschen Ländern nach 1945, Göttingen 2008

Krockow, Christian Graf von: Die Stunde der Frauen. Bericht aus Pommern 1944 bis 1947. Nach einer Erzählung von Libussa Fritz-Krockow, Stuttgart 1988

Lorenz, Hilke: Heimat aus dem Koffer. Vom Leben nach Flucht und Vertreibung, Berlin 2009

Dies.: Kriegskinder. Das Schicksal einer Generation, Berlin 2005

Dies.: Weil der Krieg unsere Seelen frisst. Wie die blinden Flecken der Vergangenheit bis heute nachwirken, Berlin 2014

Lowe, Keith: Der wilde Kontinent. Europa in den Jahren der Anarchie 1943 – 1950, Stuttgart 2014

Naimark, Norman M.: Flammender Hass. Ethnische Säuberungen im 20. Jahrhundert, München 2004

Pasch, Ralf: Die Erben der Vertreibung. Sudetendeutsche und Tschechen heute, Halle 2014

Piskorski, Jan M.: Die Verjagten. Flucht und Vertreibung im Europa des 20. Jahrhunderts, München 2013

Pohl, Karin: Zwischen Integration und Isolation. Zur kulturellen Dimension der Vertriebenenpolitik in Bayern (1945 – 1975), München 2009

Ruchniewicz, Krzysztof; Zinnecker, Jürgen (Hg.): Zwischen Zwangsarbeit, Holocaust und Vertreibung. Polnische, jüdische und deutsche Kindheiten im besetzten Polen, Weinheim 2007

Schlögel, Karl: Die Mitte liegt ostwärts. Europa im Übergang, München 2002

Schwartz, Michael: Ethnische „Säuberungen" in der Moderne. Globale Wechselwirkungen nationalistischer und rassistischer Gewaltpolitik im 19. und 20. Jahrhundert, München 2013

Stickler, Matthias (Hg.): Jenseits von Aufrechnung und Verdrängung. Neue Forschungen zu Flucht, Vertreibung und Vertriebenenintegration, Stuttgart 2014

Stiftung Ostdeutscher Kulturrat: Studienbuchreihe, Band 1 – 12, München 1992 – 2005

1. Habel, Fritz Peter: Die Sudetendeutschen, 1992
2. Eisfeld, Alfred: Die Russlanddeutschen, 1992
3. Rogall, Joachim: Die Deutschen im Posener Land und in Mittelpolen, 1993
4. Hochberger, Ernst u.a.: Die Deutschen zwischen Karpaten und Krain, 1994
5. Senz, Ingomar: Die Donauschwaben, 1994
6. Schlau, Wilfried: Die Deutschbalten, 1995
7. Bahlcke, Joachim: Schlesien und die Schlesier, 1996
8. Gündisch, Konrad: Siebenbürgen und die Siebenbürger Sachsen, 1998
9. Völker, Eberhard: Pommern und Ostbrandenburger, 2000
10. Mast, Peter: Ostpreußen und Westpreußen und die Deutschen aus Litauen, 2001
11. Kotzian, Ortfried: Die Umsiedler, 2005
12. Schlau, Wilfried: Die Ostdeutschen. Eine dokumentarische Bilanz 1945 – 1995, 1996

Ther, Philipp: Die dunkle Seite der Nationalstaaten. „Ethnische Säuberungen" im modernen Europa, Göttingen 2011

Urban, Thomas: Der Verlust. Die Vertreibung der Deutschen und der Polen im 20. Jahrhundert, München 2004

Worbs, Susanne/Bund, Eva/Kohls, Martin/Babka von Gostomski, Christian: (Spät-)Aussiedler in Deutschland. Eine Analyse aktueller Daten und Forschungsergebnisse. Bundesamt für Migration und Flüchtlinge, Berlin 2013

Ausstellungsdauer: 12. Juni bis 9. Oktober 2015

Die Deutsche Bibliothek verzeichnet diese Publikation in der Deutschen Nationalbibliografie; detaillierte bibliografische Daten sind im Internet über http://dnb.ddb.de abrufbar.

Tel. 089/420 79 69 80; Fax 089/420 79 69 86
Druck: stürtz Gmbh, Würzburg

ISBN 978-3-86222-187-5
www.volkverlag.de